Félicie de Roche

Atemübungen in der Hausapotheke

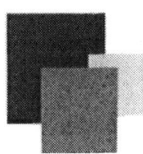

E.A.B. Verlag

Die aufgeführten Übungsreihen sind empirisch und erfolgreich erprobt, bieten aber keine absolute Garantie für die Heilung eines Krankheitsbildes.

Es ist ohne schriftliche Genehmigung des Verlages nicht erlaubt, dieses Buch oder Teile daraus zu übersetzen, zu vervielfältigen (Photokopie, Mikrokopie) oder unter Verwendung elektronischer Datenverarbeitungssysteme zu speichern oder zu bearbeiten.

© E.A.B. Verlag, Allschwil 1997

3. revidierte Auflage 2002

Layout:
E.A.B. Verlag, Andreas Besteck
CH 4123 Allschwil, Schweiz
Herstellung:
Books on Demand (CH) GmbH
ISBN   3-9521418-1-X

Zum Geleit

Mit dem handlichen Übungsbuch "Atemübungen in der Hausapotheke" (erschienen im E.A.B. Verlag, 1997) ist Félicie de Roche ein glücklicher Wurf gelungen. Trotz der zahlreichen, auf dem Büchermarkt erschienen Literatur, die sich mit dem Atem, respektive der Atem-Pflege befasst, ist dieses neu edierte Werk sehr begrüssenswert. Es deckt ein echtes Bedürfnis ab nach einer fachkundlichen Einführung in die Atempraxis für jedermann und gibt in sehr kompetenter Weise eine Anleitung zu täglichen, leicht durchführbaren Atemübungen.

Das Werk ist mit sehr viel Liebe und Humor ausgestattet, ist didaktisch sehr gut aufgebaut, sodass das schwierige Thema des "richtigen" Atmens auch für den Nicht-Eingeweihten sofort zugänglich wird.
Eine reiche Illustration in den aufgeführten Übungsprogrammen unterstützt auf humorvolle Weise den kompetenten, in einfacher, klarer Sprache abgefassten Begleittext des Werkes.
Wir wünschen dem handlichen Übungsbuch zur täglichen Atempflege eine weite Verbreitung und freundliche Aufnahme bei jedermann."

Im November 1997

Dr. Margarete Gihr   *Dr. Carola Kraus*

Dank

Ich möchte allen danken, die mir bei der Realisation
dieses Buches geholfen haben, insbesondere

Andreas
Aita, Anna und Boris
Erika

Inhalt

Seite

Einleitung

Hinter jeder Lebensäusserung des menschlichen Organismus, ob es sich um Bewegungen handelt oder um Gedankengänge, stehen Stoffwechselvorgänge. Diese Auf- und Abbauprozesse sämtlicher Körperzellen stehen immer in engem Zusammenhang mit Atmung, Kreislauf, Drüsen- und Nerventätigkeit. Um die Gesundheit eines Menschen zu erhalten oder wiederherzustellen, beurteilten die alten Hochkulturen sowohl sein körperliches, als auch sein seelisches und geistiges Befinden. Schon damals gab es das Wissen, dass sich der integrale Zustand des Menschen auch an seinem Atemausdruck erkennen lässt. Andererseits wurde die Beobachtung, dass sich der Ablauf und die Tiefe des Atems auch willentlich verändern lassen (man kann den Atem anhalten oder schneller atmen etc.) als Grundlage für Atemübungen zur Verbesserung dieser Organfunktion genutzt.

In unserer westlichen Kultur förderte die Zeit der Industrialisierung neben wertvollen Maschinen und Medikamenten für medizinische Behandlungen (die zum Beispiel die künstliche Beatmung während Operationen möglich machten) das Bewusstsein für den „Einzelteil - Menschen" und das Spezialistentum.

Es gibt Menschen, die ihre Verantwortung für die eigene Gesundheit dem Arzt übergeben. Sie überlassen es gern der Fachperson, zu beurteilen, ob sie krank oder gesund sind. Sie verlangen nach Medikamenten und Massnahmen, die ihre Körperhülle in kurzer Zeit wieder „gesund machen".

Andere Menschen möchten aber neben der technisierten Schulmedizin wieder ihre Störungen und Beschwerden mit natürlichen Mitteln und ganzheitlichen Methoden behandeln. Sie wollen sich wieder als eine Einheit von Körper, Seele und Geist wahrnehmen und verstehen Hier nehmen glücklicherweise die uralten Kenntnisse über die Kraft von sinnvollen, den Atem unterstützenden Übungen in unserer Zivilisation innerhalb der neu belebten natürlichen Heilmethoden wieder ihren berechtigten Platz ein.

Atmen ist für die meisten von uns eine unwillkürliche Selbstverständlichkeit, die wir täglich hinnehmen, ohne darüber nachzudenken. Aber viele Menschen atmen nicht mehr richtig durch, ohne dass ihnen dies überhaupt bewusst wird. Und diese Problematik geht die ganzheitliche Therapie und Schulung des Atems mit seinen umfassenden Zusammenhängen des menschlichen Seins an.

Im Laufe meiner Tätigkeit als Atempädagogin habe ich Übungsblätter entworfen, die ich jeweils an meine Patient/Innen und Kursteilnehmer/Innen abgegeben habe. Ermuntert durch die positiven Reaktionen meiner Atemschüler entstanden daraus Idee und Realisation zu diesem Buch.

Für Menschen im Alltag sollen diese „Atemübungen in der Hausapotheke" ein Hilfsmittel sein, regelmässig ein kurzes entspannendes und gleichzeitig aufbauendes Bewegungsprogramm nachvollziehen zu können. Im Vordergrund stehen einfache Übungen zur Verbesserung der Lungen- und Bronchienpartie und zur Anregung und Stabilisierung des Kreislaufs.

Die Erklärungen im vorderen Teil dienen zur Information über die wichtigen Zusammenhänge zwischen dem Atemablauf und dem allgemeinen Wohlbefinden des Menschen.

Sie sollen weder eine wissenschaftlich präzise Abhandlung über unser Atemsystem darstellen, noch einen absoluten Anspruch auf therapeutisches Wirken erheben. In diesem Sinn ersetzt diese Auswahl von Atem- und Bewegungsübungen auch nicht den Gewinn eines Gruppen- oder individuell betreuten Einzelunterrichtes bei der Fachperson. Besonders denjenigen Menschen, die beim Üben Schwierigkeiten bekommen, möchte ich anraten, sich an eine Fachperson in ihrer Nähe zu wenden, um in persönlicher Betreuung an der Verbesserung des eigenen Atemgeschehens arbeiten zu können. Wie auch in vielen anderen Bereichen unseres Lebens braucht es auch hier manchmal eine Unterstützung, um den richtigen „Atemweg" zu finden.

Liebe Leserin, lieber Leser!

Stellen sie diese Atemübungen nicht nur in Ihre Hausapotheke, sondern schlagen Sie eine der 20 aufgeführten Übungsfolgen auf und werden Sie aktiv! Es lohnt sich, denn mit einem regelmässigen Atemtraining tun Sie Gutes für Ihre eigene Gesundheit!

Félicie de Roche

Atmung - wie sie funktioniert?

Unter diesem Vorgang verstehen wir einen biochemischen Gasaustausch zwischen der Atmosphäre und unserem Körper, ohne den ein Leben nicht möglich ist.

Eine komplexe Kette von ineinandergreifenden Funktionen sorgt einerseits für den Austausch von Gasen zwischen der Aussenluft und dem Blut, andererseits für deren Transport und Austausch zwischen Blutbahn und Gewebezelle für alle Oxidationsvorgänge in den Körperzellen.

Etwa 12 bis 14 mal pro Minute atmet ein gesunder Erwachsener in Ruhe ein und aus, das bedeutet mehr als 17000 Mal innerhalb von 24 Stunden und mehr als 6 Millionen mal pro Jahr. Er ventiliert ca. 8 bis 12 Liter Luft pro Minute. Das ergibt einen Tagesumsatz von ca. 14 m^3 Liter Luft! Dabei wird jedoch nur ein kleiner Teil der Atemoberfläche in der Lunge ausgenützt.

Dies alles wird ganz automatisch vom Atemzentrum, welches im verlängerten Rückenmark liegt, gesteuert.

Die eingeatmete Luft enthält ca. 20 % Sauerstoff , ca. 80 % Stickstoff und neben 1 % Edelgasen auch 0.03 % Kohlendioxyd. Verlässt diese Luft den Körper wieder, enthält sie noch 16 % Sauerstoff und 4 % Kohlendioxyd als Stoffwechselprodukt der chemischen Reaktionen in den Körperzellen.

Auch bei maximaler Ausatmung bleibt immer eine kleine Restmenge von verbrauchter Luft in der Lunge.

Die äussere Atmung
der Gasaustausch in der Lunge

An der äusseren Atmung sind vor allem Organe beteiligt, die den Gasaustausch in den Lungen ermöglichen: Die Nase und ihre Nebenhöhlen, der Kehlkopf, die Luftröhre, das Bronchialsystem, die Atemmuskeln und der Brustkorb, sowie das Atemzentrum als Steuerzentrale im verlängerten Rückenmark.

Bei der Einatmung strömt die Luft, dem Verlauf der Nasenmuscheln entsprechend, durch die Nasengänge. Auf diesem Weg wird sie erwärmt, befeuchtet, gereinigt und nach bestimmten Strömungsgesetzen geordnet. Über Rachen,

Kehlkopf und Luftröhre wird sie in die unteren Luftwege, die Bronchialäste und Lungenlappen geleitet.

Die Luft, welche Nase und Luftröhre (Trachea) passiert hat, wird über die Hauptäste des baumartigen Gebildes, die Bronchien, weitergeleitet. Die Luft, welche schliesslich über die kleinsten Äste, die Bronchiolen, zu den Alveolen = Lungenbläschen gelangt, ist dann soweit gereinigt von Schmutzteilchen, wie es die Leistungsfähigkeit der Wächterorgane gestatten.

Zeichnung Atemapparates

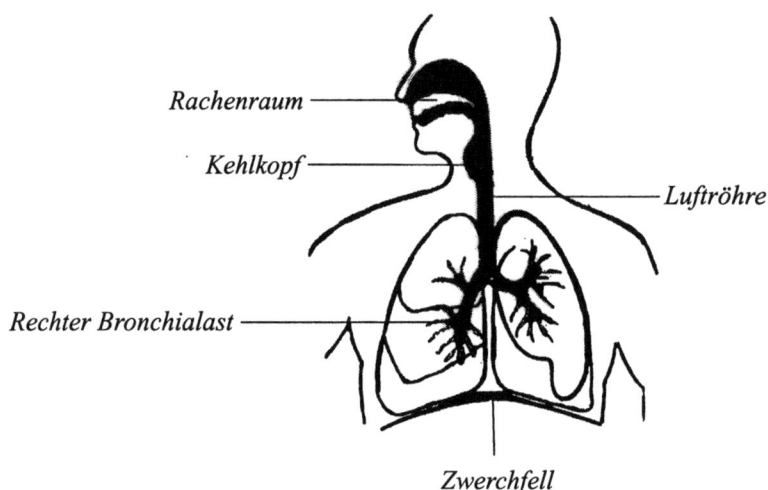

Durch die Nasenscheidewand wird die Nase in zwei nicht ganz symmetrische Nasenhöhlen aufgeteilt. Dadurch ergibt sich bei jedem Atemzug bereits eine erste Vergrösserung der Oberfläche, die für Prüffunktionen und Aufbereitung der Luft bedeutsam ist.

Haben Sie aber gewusst, dass unser Luftstrom in jeder Nasenhälfte auch noch durch drei knöcherne Gebilde, die Nasenmuscheln aufgeteilt wird? Dabei hat der rhythmische "Durchzug" dieser drei Luftsäulen, und vor allem die Luftpassage über der obersten Nasenmuschel auch einen wesentlichen Einfluss auf die Hirntätigkeit und nicht zuletzt auf die Konzentrationsfähigkeit.

In den Lungen selbst entfallen diese Reinigungsmechanismen. Um den enormen Sauerstoffbedarf des Körpers decken zu können braucht der Mensch eine Aufnahmefläche, die etwa dem Dreissigfachen seiner Körperoberfläche entspricht.

Mit ihrem Gewicht von nur ca. einem Kilogramm bieten die Lungen diese enorme Fläche (aufgeschnitten und nebeneinander gelegt, ergäben die Lungenbläschen etwa die Grösse eines Tennisplatzes).

Die zwei sackförmigen Lungenflügel bestehen aus einer Anhäufung von kleinsten Lungenbläschen (Alveolen), die einerseits den Sauerstoff aus der Einatemluft über ein reich vernetztes Blutgefässsystem in die Blutbahn abgeben und andererseits die Kohlensäure aus dem Blut wieder der Ausatemluft beimischen. Sie werden zusammengehalten von zwei Membranen (Pleurablätter), die hauchdünn in kleinste Buchtungen aufgefaltet sind.

Schematische Zeichnung der beiden Lungenflügel mit Luftröhre, Brochialästen und Lungenbläschen

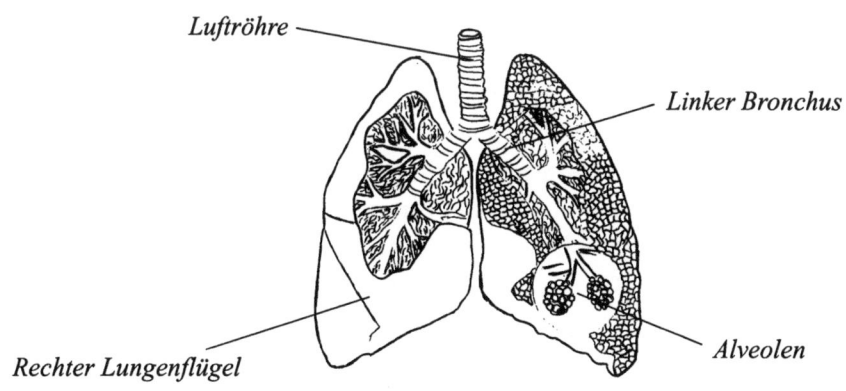

Luftröhre — Linker Bronchus — Alveolen — Rechter Lungenflügel

Innere Atmung - Zellatmung

Das Blut, welches nun in den Lungen mit Sauerstoff angereichert worden ist, gelangt jetzt durch die linke Herzkammer und die Hauptschlagader in den arteriellen Körperkreislauf und wird zu allen Körperzellen des Organismus geleitet.

In einem biochemischen Prozess werden hier Nährstoffe aus der Nahrung mit Hilfe von Sauerstoff in die zellspezifisch notwendige Energie (z.B. Kraft in den Muskelzellen, Denkprozesse in den Hirnzellen etc.) umgewandelt. Die Kohlensäure, ein Stoffwechselprodukt dieser Energiegewinnung, wird über den venösen Kreislauf zurück zum Herzen geführt und über die Lungen und Atemwege ausgeschieden.

Die Atembewegung

Die mechanischen Bewegungen des Atemvorganges laufen in zwei Phasen ab: Die Inspiration (das Einströmen von Luft in die Lungen) und die Exspiration (das Abgeben der Luft aus den Lungen an die Aussenwelt).
Entsprechend der benötigten Energie in den Zellen (z.B. vermehrter Bedarf bei körperlicher Anstrengung) werden Tiefe, Rhythmus und Frequenz der Atembewegungen über das Nervensystem gesteuert. Das Atemzentrum wird von verschiedenen Faktoren stimuliert wie z.B. durch die Kohlensäurekonzentration im Blut oder den Dehnungszustand der Lungen.
Verantwortlich für diese Füll- und Entleerungsvorgänge der Lungen sind vor allem zwei Muskelgruppen: Das Zwerchfell und die Zwischenrippenmuskulatur. Beim gesunden Atemvorgang übernimmt das Zwerchfell (eine dünne, bindegewebehaltige, kuppelartige Muskelschicht, welche Brust- und Bauchraum voneinander trennt) den Hauptteil der Atemarbeit.

Lagebeziehung von Zwerchfell,
Brust- und Bauchraum

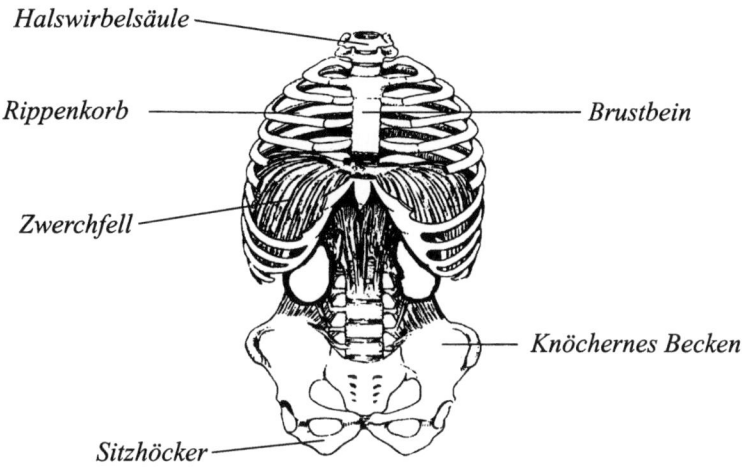

Halswirbelsäule

Rippenkorb — *Brustbein*

Zwerchfell

Knöchernes Becken

Sitzhöcker

Bei der Einatmung kontrahieren sich seine Fasern, wobei diese Bewegung auch die Bauchorgane mit einbezieht. (Der Bauchraum dehnt sich nach allen Seiten aus).

Gleichzeitig erweitern die Muskeln, welche zwischen den Rippen liegen, durch ihre Kontraktion den Brustkorb seitlich und nach oben. Durch das Entspannen der Atemmuskeln während der Ausatmung gleiten Brustkorb und Bauchorgane wieder in ihre ursprüngliche Lage zurück und das Volumen der Lungen verkleinert sich wieder.

Auf diese aktive Unterstützung der Atemmuskeln sind die Lungen angewiesen, um sich zu öffnen, da sie selbst keine Muskeln besitzen: dank einem mit Flüssigkeit gefüllten Spalt zwischen den beiden Pleurablättern, dem Rippenfell und dem Lungenfell werden die elastischen Lungensäcke bei der Einatmung passiv mitgenommen und für die Luftaufnahme entfaltet.

Besser atmen - Besser leben ?

Natürlich! Jeder weiss es und jeder tut es ganz automatisch - wir atmen alle vom ersten bis zum letzten Atemzug. Wie schon die alten Kulturen sollte aber auch uns die Frage beschäftigen:

Wie atmen wir ?

Den wenigsten Menschen ist bewusst, wie wichtig die Atmung für die körperliche, geistige und auch die psychische Gesundheit ist. Und viele Menschen atmen nicht mehr richtig durch; ihre Lebensqualität ist manchmal auf ein "Sparprogramm" gestellt, ohne dass ihnen dies bewusst wird.

Kurzfristige Ablaufstörungen (zum Beispiel, wenn wir uns erschrecken) brauchen kaum zu beunruhigen, denn unser Organismus hat viele Korrekturmöglichkeiten zur Verfügung. Weil die Atmung als feines, sensibles Instrument agiert, reagiert sie aber bei vielen Menschen auch auf die Zeichen unserer leistungsbetonten und verschmutzten Umwelt.

Mit der Zeit stellt sich nicht nur beim Atemgeschädigten, sondern ebenso bei überforderten oder untrainierten "Gesunden" eine gestörte "Normalatmung" ein; sie wird unruhig, flach oder gepresst. Diese Einschränkungsvorgänge beginnen oft schleichend und schon sehr früh, und da sie zur Gewohnheit geworden sind, werden sie leider sehr lange als ein normaler Zustand empfunden.

Wie viele Kinder und Erwachsene verbringen heute mehr Zeit vor dem Fernseher oder Computer, als beim Spiel oder Wandern im Freien?

Die Atmung ist aber sozusagen der Anlasser für unseren Stoffwechsel. Bei Bewegungsmangel erlahmen die Atemmuskeln infolge Nichtgebrauchs; es kommt zu einer flachen Atmung oder zu Kurzatmigkeit mit verminderter Zellatmung. Ungenügende Atmung kann sowohl Ausdruck als auch Auslöser für körperliche und organische Fehlfunktionen oder seelische Nöte sein.

Eine ansehnliche Zahl von Beschwerden können aber Dank eines natürlichen Aufbautrainings mit solchen Atem- und Bewegungsübungen verhindert oder gelindert werden.

Menschen in der Atempraxis

In meiner Atempraxis bin ich jüngeren und älteren Menschen, Kindern und Jugendlichen begegnet, die nicht genügend atmen konnten.

In guter Erinnerung bleibt mir etwa der 12 Jahre alte Asthmatiker, der sich darüber ärgerte, dass er im Schulsport mit den anderen Jungen nicht mithalten konnte; dazu kam eine grosse Angst vor den regelmässig auftretenden Asthmaanfällen. Seine Disposition konnte er nicht "wegatmen". Dank regelmässigen Atemtrainings lernte er aber seine eigenen Reaktionen besser kennen und einschätzen, auch im Sportunterricht. Ohne sich vor den anderen Kindern zu schämen, legte er jetzt immer wieder kleine Pausen ein, in denen er sich bewusst entspannte. Danach konnte er sich wieder aktiv am sportlichen Geschehen beteiligen. Ich habe ihn Monate später ganz zufällig in Begleitung seines Vaters angetroffen, der mir berichtete, dass der Junge immer noch recht regelmässig sein Übungsprogramm mache und seither keinen Asthmaanfall mehr erlebt habe!

Aber nicht nur die offensichtlich Atemwegserkrankten mit Erkältungsanfälligkeit oder asthmoiden Formen finden sich bei der Atempädagogin ein. Es gibt zahlreiche Funktionsstörungen, welche mit einer verbesserten Atemweise ebenso vermindert oder gar behoben werden können.

Manchmal werden Verkrampfungen der Atemmuskeln zwischen den Rippen von den betroffenen Menschen mit Herzschmerzen verwechselt. Dann melden sich meine Atemschüler folgendermassen an: „Tja, also, mein Hausarzt hat mich zu Ihnen geschickt. Er meinte, dass meine Herzbeschwerden psychosomatisch seien, und dass ich es einmal mit einer Atemtherapie versuchen solle! Dabei habe ich bisher selbst gar nicht bemerkt, wie ungenügend ich atme..."

In der Atemtherapie lernen diese Menschen ihre Atemmuskeln zu entspannen; dadurch lösen sich diese Verkrampfungen.

Aber auch bei Herz- und Kreislaufstörungen hilft das bewusste Atmen. Ich erinnere mich an einen Klienten mittleren Alters, der nach einem Herzinfarkt mit anschliessendem Kuraufenthalt in meine Atempraxis kam. Er hatte sich körperlich recht gut stabilisiert, klagte jedoch über enorme panikartige Ängste im alltäglichen Leben. Er konnte seinen Beruf als Dozent nicht mehr ausüben, weil es ihm nicht mehr gelang ohne panische Angst vor einer Gruppe von Studenten Referate zu halten. Auch eine grössere Menschenansammlung, wie wir sie in jedem Geschäft antreffen können, wurde für ihn zum unerträglichen Alptraum. Dank des Atemtraining entwickelte er wieder eine gesunden Selbstsicherheit. Er konnte zum Beispiel wieder ungezwungen und frei von Angst durch Einkaufsläden gehen, ohne in Panik zu geraten.

Besonders häufig treffe ich in meiner Praxis auf das sogenannte „Hyperventilationssyndrom".
Da war zum Beispiel die junge Frau, die in einem Grossraumbüro arbeitete. Seit geraumer Zeit hatte sie immer öfter "Anfälle" in denen ihr schwindlig wurde.
Sie hatte das Gefühl, nach Luft schnappen zu müssen, ihr ganzer Körper zuckte unkontrolliert und gleichzeitig hatte sie ein Gefühl von Taubheit. Der Arzt, den sie aufgesucht hatte, stellte eine Hyperventilation fest und empfahl ihr eine Symptombehandlung; sie solle ständig eine Plastiktüte bei sich tragen, und diese bei Bedarf vor Mund und Nase zu halten.

Das Hyperventilationssyndrom wird durch eine aufgeregte und schnelle Atmung verursacht. Dabei wird zu viel Kohlensäure ausgeatmet, die jedoch als biochemischer Regulator im Blut unbedingt lebensnotwendig ist. Eine zu grosse Menge Kohlendioxyd vergiftet den Körper, aber auch sein Fehlen kann tödlich sein, weil es in der richtigen Konzentration auch die Aktivität des Atemzentrums steuert, das im verlängerten Rückenmark liegt.
Wird in eine Plastik- oder Papiertüte geatmet, wird die ausgeatmete Kohlensäure wieder eingeatmet und die Gaswerte im Blut normalisieren sich.
In meiner Praxis habe ich wiederholt beobachtet, dass einer solchen Attacke, oft auch unbewusst, eine allgemeine Anspannung und Verkrampfung der betroffenen Menschen vorangeht. Kleinste Ursachen können dann eine "überbordende" Erregbarkeit auslösen.
Die erwähnte junge Frau konnte aber auf dieses Hilfsmittel der Symptombehandlung bald verzichten, weil sie ihre Wahrnehmungsfähigkeit geschult und dadurch gelernt hatte, frühzeitig auf ihre Körperreaktionen zu achten und sich entsprechend zu entspannen. Ihre "Erregungslatte" war jetzt höher angelegt und die Krampfzustände blieben aus.

Häufig trifft man die „Vegetativen Dystonie" an. Dabei handelt es sich um eine Störung des Zusammenspiels der verschiedenen Bahnen im vegetativen Nervensystem.

Im Gegensatz zum Zentralnervensystem, dass unsere Bewegungen lenkt, und welches wir willentlich beeinflussen können, steuert das vegative oder auch autonome Nervensystem unbewusste Lebensvorgänge. Es versorgt alle inneren Organe und pflegt auch Beziehungen zu Gemütszustand und Schlaf - Wachrhythmus.

Eine Störung des Gleichgewichts zwischen den beiden Anteilen des vegetativen Nervensystems, dem Sympatikus und dem Parasympatikus (Vagus) äussert sich in den verschiedensten Beschwerdebildern: z.B. durch erhöhte Empfindsamkeit der Sinnesorgane, Reizbarkeit und Schreckhaftigkeit, Unruhe und Schwindel, Blutdruck Schwankungen. Durchfälle wechseln mit Verstopfungen, Herzjagen wechselt ab mit zu langsamem Rhythmus etc. .
Gerade bei dieser Form von ständig wechselnden Gefühlen und Empfindungen unterstützt die entspannende körperliche Betätigung in den Atemübungen eine eventuell medikamentöse Therapie zum Ausgleich der beiden Gegenspieler Sympatikus (anregend) und Vagus (hemmend).

Menschen mit vegetativen Störungen oder depressiven Verstimmungen können ihre nervliche Disposition mit bewusster Atmung stabilisieren.

Und immer wieder beobachte ich bei meinen Atemschülern nach einer gewissen Zeit eine verbesserte Körperhaltung, die als „Begleiterscheinung" der Atemschulung auftritt. In der ausgeglichenen freien Bewegung und Haltung spiegelt sich das gestärkte verinnerlichte Selbstbewusstsein.

Jeder Mensch hat ein Auto !

Glücklicherweise hat das Interesse der Menschen, nach einer Zeit des grossen „Pillen- und Chirurgieglaubens", an natürlichen Methoden in den letzten Jahren wieder zugenommen. Und der Mensch erkennt, dass er die Sorge für sein eigenes Auto (griechisch = selbst) zum Wohle seiner Gesundheit übernehmen muss.

Viel zu oft bleibt es aber immer noch bei Lippenbekenntnissen und es wird reichlich in die Pflege des Autos in der Garage investiert, anstatt in die eigene Gesundheit.

Bedenken wir aber, dass das menschliche Auto ebenso wie das Automobil auf vier Rädern "rosten" kann! Im Gegensatz aber zum fahrbaren Untergestell können wir dieses Auto weder umtauschen, noch uns ein neues anschaffen - es bleibt sozusagen immer unser letztes Modell.

Und daher stelle sich bitte jeder Mensch selbst die Gewissensfrage: „ Möchte ich als gepflegte Limousine älter werden und geistig und körperlich mobil bleiben - und wenn ja - was kann und will ich selbst dafür tun ?

Und wie pflege ich mein kostbares Auto ?

Das menschliche Auto ist vielen Störungsfaktoren ausgesetzt, die zu den sogenannten zivilisationsbedingten Erkrankungen führen. Gemäss medizinischen Untersuchungen, können die wesentlichen Fehler, die wir selbst unter die Lupe nehmen und verbessern können, in vier Hauptpfeiler aufgeteilt werden: Zu wenig Bewegung, falsche Ernährung, fehlende Entspannung und Erholung und vor allem ungenügende Atmung !

Mit der praktischen Atemarbeit nach der Methode von Klara Wolf pflegen wir bereits drei dieser Pfeiler; nämlich sowohl die *Entspannung* als auch die *Atmung* in der *Bewegung*.

Atmen und Bewegung = Erholung !

Und der Zeitaufwand dafür ist klein!

Atmen - Der richtige Atemtyp

Manchmal erzählen mir Begleitpersonen meiner jüngeren und älteren Atemschüler von ihrem eigenen Atemverhalten. Sie erzählen mir, dass sie irgend-
wann (Mütter zum Beispiel in der Geburstvorbereitungsstunde) eine perfekte
Atmung gelernt hätten; seither könnten Sie mit dem Bauch atmen. Manchmal
fällt mir jedoch auf, dass diese Menschen oft einen sehr überkontrollierten
und hektischen Atem haben. Ihre Ausatmung ist kurz und lässt wenig Spiel-
raum der Ruhe zu.
Bei anderen ist zu beobachten, dass ihre Atembewegung kaum zu sehen ist, als
würde sie nicht zugelassen.
Immer wieder begegne ich Menschen, die mich fragen, wie denn nun eine
richtige Atmung sein müsse und was man beim Üben beachten müsste.

**Als gute und vollwertige Atmung können wir nur eine einzige Art dieses
Vorganges verstehen, nämlich das koordinierte Zusammenspiel aller Atemmuskeln in jeder Situation!**

Diese Vollatmung wird oft angestrebt über das Bewusstwerden und Auspro-
bieren der drei Teil-Atmungstypen:

Die Schlüsselbein- oder Hochatmung

Die Flanken- oder Kostalatmung

Die Bauchatmung

Zu beachten ist dabei, dass mit jeder Teilatmung als alleiniger Alltagsatmung
ein Ungleichgewicht im koordinierten Zusammenspiel aller an der Atmung
beteiligten Syteme geschaffen wird. Das schafft auf der einen Seite eine
Überforderung und auf der anderen Seite eine Unterforderung von Muskeln.

Schlüsselbein- oder Hochatmung

Obwohl diese Atemart sehr anstrengend ist, kann man sie bei vielen Menschen beobachten: Beim Einatmen werden die Schultern angehoben und der Bauch strafft sich. Dadurch stossen die Bauchorgane gegen das Zwerchfell, welches trotz seines angespannten Zustandes seinerseits gegen die Lungen drückt.
Dabei können sich weder die Lungen noch der Brustkorb, der ebenfalls nach oben verschoben wird, genügend ausdehnen. Zudem werden bei diesem Atemtyp sowohl die Stimme als auch zusätzliche Muskeln und Nerven aktiviert, die für den Gasaustausch gar keine Bedeutung haben.
Aus meiner eigenen Jugend kenne ich die Aufforderung: „Halte Dich doch gerade ! ..." Und schon strafft sich der Bauch und die Schultern werden hochgezogen.

Es können neben organisch bedingten Behinderungen durchaus gewohnheitsmässige Abläufe sein, die zu einer solchen Schnappatmung führen.
Dieser hektische und schädliche Atemausdruck kann aber auch Spiegelbild einer überforderten Seele sein.

Flanken- oder Kostalatmung

Bei einer reinen Flanken- oder Rippenatmung haben wir bereits eine grössere Ausdehnung des Brustraumes, aber auch hier wird die gesunde Zwerchfellkontraktion durch eine falsche Bauchbewegung (der Bauch wird während der Einatmung aktiv eingezogen) behindert. Man kann diese "Atemtechnik" auch bei Sängern beobachten, die "auf ihre Stimme drücken".
Gute Sänger brauchen die Flanken- und Bauchatmung zum Singen, indem sie Bauch- und Beckenbodenmuskeln anspannen, um willkürlich ihre Ausatmung zu steuern. Für die Einatmung lassen sie diese Muskeln sofort wieder ganz los, damit sich ihre Lungen sehr schnell mit frischer Luft füllen können (reflektorisches Einatmen).

Bauchatmung

Wie bereits in vorangegangenem Teil besprochen, senkt sich der grosse und wichtige Zwerchfellmuskel während der Einatmung in angespanntem Zustand in den Bauchraum und schiebt Bauchdecke und untere Rippen nach aussen und oben. Durch seine Bewegung werden auch die Bauchorgane in günstiger Weise massiert. Ohne Anstrengung werden die unteren Lungenbereiche mit Luft gefüllt.
Bei einer reinen Bauchatmung werden allerdings die oberen Lungenbereiche zu wenig durchlüftet.

Vollatmung

Erst wenn diese Zwerchfellarbeit physiologisch in Koordination mit dem richtige Einsatz von Flanken- und Brustatmung abläuft, können wir von einer gesunden Atmung reden, die für den ganzen Organismus von Nutzen ist.
Diese Vollatmung ist also das Ziel einer verbesserten Atmung, wobei die jeweilige Tätigkeit eines Menschen auch eine unterschiedliche Menge an Luftumsatz erfordert. So braucht der ruhende Mensch durchschnittlich 8 Liter, wenn er wandert 16 Liter, beim Bergwandern ca. 23 und beim Jogging etwa 57 Liter Luft pro Minute.

Je besser die Reaktionsfähigkeit und der Krafteinsatz von Atemmuskeln und Atemapparat - desto besser auch die Anpassung an die geforderte Luftmengenbeschaffung in jeder Situation !

Ateminstrument im Alltag

Stöhnen, Gähnen, sich strecken und räkeln

Immer wieder begegne ich Menschen, die nicht gähnen können, weil sie innerlich zu sehr angespannt sind. Sie lernen allmählich diesen natürlichen Ausgleich der inneren Balance wieder zuzulassen.

Je wohliger Sie sich dabei räkeln, durchstrecken und dehnen wie eine Katze, desto mehr Ausgleichsmöglichkeiten schaffen sie auch in den vegetativen Steuerungen im Körper, die ihrerseits in Wechselbeziehungen zur Psyche stehen. Wenn sich stöhnend innerer angestauter Druck entladen kann, so löst sich auch die entsprechende Unbeweglichkeit der Atmung.
Gähnen ist nicht nur ein Zeichen von Müdigkeit, sondern vor allem Auslöser für den Austausch von verbrauchter Luft in der Lunge.

Schnüffeln und Seufzen

Diese natürlichen Kraftübungen des Atemapparates helfen, das Zwerchfell zu lockern und zu tonisieren. Und ein frei schwingendes Zwerchfell lässt auch innere Freude aufkommen.

Singen

Versuchen Sie es doch einmal, wenn sie traurig sind: Singen Sie laut und kräftig! Es ist dann egal, ob sie einfach einen Song mitsingen oder ein Kinderlied vor sich hinträllern oder ganz spontane Melodien "komponieren". Stellen Sie sich dabei vor, dass Sie Ihre Stimme auch aus dem Bauch kommen lassen. Sie werden feststellen, dass Sie sich schon nach kurzer Zeit ruhiger und zuversichtlicher fühlen.

Lachen

Können Sie sich noch an den berühmten Clown Crock erinnern? Ihm wurde von der Universität in Budapest vor Jahren schon der Titel zum Ehrendoktor verliehen: Mit seinen Vorstellungen habe er immer wieder zur Gesundheitserhaltung der Bevölkerung beigetragen - weil er den Menschen mit seinen Darbietungen ein herzhaftes Lachen entlocken konnte!
Neuerdings hat auch die Wissenschaft das „Lachen" entdeckt. Es werden Kongresse über Humor in der Therapie durchgeführt und sogar regelrechte „Lachkurse" angeboten.

Gesundes, befreiendes Lachen wirkt sowohl lockernd und lösend auf den Zwerchfellmuskel als auch auf die Psyche.

In der Atemtherapie lockern wir das Zwerchfell ebenfalls mit einfachen Übungen, in denen wir Konsonanten singen oder aussprechen und mit lockerem Einatmen zwischen den einzelnen Übungen (siehe Schnuppern).

Pause machen beim Reden

Es gibt Menschen, die beim Sprechen geradezu „nach Luft schnappen".
Sie greifen dadurch in autonome Vorgänge ein und fördern damit eine Fehlatmung mit Verkrampfungen von Kehlkopf und Bauchmuskeln.

Machen Sie genügend Pausen beim Reden. Wenn Sie die einzelnen Sprechphrasen fliessend in Ihre Ausatemphase legen und darauf achten, dass Sie die letzten Töne nicht zurückziehen, sondern "schwingend", aber betont wegschikken, so werden Sie feststellen, dass Sie beim Reden auch weniger ermüden. Und Ihre Zuhörer werden viel aufmerksamer, weil sie Ihre Worte besser verstehen können.

Nasenatmung

Beobachten Sie Ihre Atemweise im Alltag. In Ruhe vermögen Sie vielleicht ganz spontan durch die Nase zu atmen. Aber wie steht es, wenn Sie gehen, wandern, mit dem Fahrrad unterwegs sind oder gar joggen müssen? Atmen Sie schon bei kleiner Anstrengung durch den Mund? Und wie atmen Sie, wenn Sie sich auf eine intellektuelle Aufgabe konzentrieren müssen? Vielleicht gar nicht oder nur noch ganz oberflächlich? (Auf die Bedeutung der richtigen Nasenatmung gehe ich im Kapitel "Haben Sie eine gute Nase?", S. 41 ausführlich ein.)

Als Atemtraining im Alltag möchte ich Ihnen folgendes vorschlagen: Versuchen Sie anfänglich in allen Dingen, die Sie tun, Ihre Bewegungsart Ihrer Atemmöglichkeit anzupassen und Sie werden merken, dass Sie dadurch allmählich auch an Kondition gewinnen.

Atmen Sie möglichst durch die Nase!

Sie stärken damit Ihre Atemmuskeln
und unterstützen Ihren Kreislauf!

Integrale Atemschulung

Die Begründerin der Integralen Atemschulung, Klara Wolf, die nach einer tänzerisch-gymnastischen Ausbildung zuerst eine künstlerische Laufbahn eingeschlagen hatte, schreibt über die Entwicklung ihrer Atemmethode im Buch „Integrale Atemschulung - Klara Wolf" folgendes:

„Ursprünglich mehr am Entwicklungsgedanken und Hervorholen des Schöpferischen interessiert als an Hygiene und Therapie, stiess ich mit meinen damaligen Bestrebungen um ein ganzheitliches Erfassen des Menschen in der Öffentlichkeit auf einigen Widerstand. So sah ich mich gezwungen, in erster Linie den gesundheitlichen Nutzen der Atempflege hervorzuheben und zu begründen, bis sich daraus schliesslich eine für Gruppen wie für den Einzelnen taugliche, allgemein verständliche Methode der Atem- und Gesundheitserziehung herausschälte. "

Während über 60 Jahren hat Klara Wolf ihre Methode mit diesem ganzheitlichen Aspekt der Gesundheitserziehung weiterentwickelt und an ihre Atemschüler weitergegeben. In den hier aufgeführten Übungskonzepten, die auf der Methode von Klara Wolf basieren, steht die Atemhygiene (also Übungen für Nase, Rachen, Bronchien, Brustkorb- und Zwerchfellbeweglichkeit) im Vordergrund.

Mit einem körperlichen Aufbautraining wird die zentrale Stellung der Atmung als Bindeglied zwischen willkürlichen und unwillkürlichen (also vom Willen nicht zu beeinflussenden) Abläufen im Organismus bewusst aufgegriffen und in die Übweise miteinbezogen. Auf angenehme und sanfte Art werden die physiologischen Vorgänge im Körper unterstützt und gestärkt.

Bewegungsübungen werden in ihrer Dynamik zum Beispiel so gestaltet, dass Trainingsreize zustande kommen, auf die vorwiegend Atmung und Kreislauf reagieren; aber auch Zellstoffwechsel, Hormondrüsen und vegetatives Nervensystem werden angeregt.

Gleichzeitig garantiert eine intensive, aber harmonische Ausatmung für einen hohen Frischluftanteil in den am tiefsten liegenden Strukturen der Lunge, nämlich den Alveolen, indem sie das Atemsystem auf eine freie und tiefe Einatmung vorbereitet.

Im Gegensatz etwa zum Autogenen Training mit seinem gedanklichen Einstieg, ist es hier die körperliche Aktivität, die zur besseren Entspannungsfähigkeit, zum vegetativen Ausgleich und zu einem tieferen Verständnis der eigenen Körperfunktion Atmung führt.

Es sind einfache Übungen, die in diesem Buch teilweise zur Erleichterung des Übens bewusst mehrfach eingesetzt sind.

Federnde und dehnende Übungen dienen dem venösen Rückfluss und haben oft eine beruhigende und harmonisierende Wirkung.

Lockernde Kreislauf- und Gelenkübungen verhelfen zuerst zu einer Grundgelöstheit, die mit der Zeit auch feinere Körperempfindungen und -reaktionen zulässt.

Klopfübungen dienen der besseren Durchblutung und „Belüftung" des Gewebes.

Eine ganz natürliche Haltungsschulung ist im Übungskonzept integriert.

Die Stimme können wir als wunderbares Werkzeug verwenden, wenn es um die Ausgleichsarbeit in unserem Atemsystems geht. Wird sie richtig eingesetzt, profitiert das Zwerchfell in seiner Dehnungs- und Reaktionsfähigkeit.

Die gesunden und reaktionsfähigen Atemmuskeln unterstützen ihrerseits aber auch eine tragfähige Stimme.

Zur Übungsweise

Die Phonation

Für eine bessere Entspannung und Reaktionsfähigkeit dieser Atemmuskeln wird die Ausatmungsphase ganz besonders mit verschiedenen Phonationen (Lauten) gepflegt:

Jede Übung wird laut begleitet:

Mit S, SCH, F, Zählen, Singen etc.

Sie versuchen also Ihre Luft während der

Bewegungen laut ausströmen zu lassen.

In manchen Bewegungen fällt Ihnen solches Vorgehen leichter (z.B. wenn Sie sich mit einem „Gorilla-A-Ton" mit lockeren Fäusten auf den Brustkorb klopfen), in anderen Bewegungsabläufen werden Sie vielleicht feststellen, dass Sie dieses gleichmässige Verströmenlassen der Luft regelrecht üben müssen. Denn es gilt dabei weder die Luft in einem Schub hinauszublasen, noch sie hinauszudrücken. Je automatischer, freier und grösser die Einatmung durch die Nase danach geschieht, desto wohler werden Sie sich mit dieser Übungsweise fühlen - das ist das Ziel und die Eigenkontrolle.

Trainingsversuch 1 zum Thema Phonation:

Formen Sie die rechte Hand zu einer kräftigen Faust und krallen sie die Zehen Ihres linken Fusses während Sie gleichzeitig die Finger der linken Hand weit auseinander strecken und die Zehen des rechten Fusses ebenfalls so fest spreizen wie Sie nur können. Dann wechseln Sie gleichzeitig diese Hände- und Füssestellungen, zwei-, drei- vier- fünfmal etc. ... .

Wie haben Sie bei diesem Versuch geatmet ?

Wahrscheinlich gar nicht ? - So wie in dieser etwas kniffligen Koordinationsübung ergeht es Ihnen wohl auch oft im Alltag, wenn Sie ungewohnte Situationen oder Aufgaben bewältigen müssen. Vor lauter Konzentration auf eine Sa-
che vergessen Sie möglicherweise richtig oder überhaupt zu atmen.

Versuch 2:

Wenn Sie nun die gleiche Übung noch einmal versuchen, und dabei Ihre Ausatmung laut verströmen lassen (z.B. mit "SCH...", werden Sie mit zunehmen-
dem Training feststellen, dass Ihnen dank der fliessenden Atmung auch die
körperliche Bewegungsaufgabe leichter fällt.

Der Atemrhythmus

Ausatmen - Pause - Einatmen

Jeder Mensch hat seinen ureigenen Atemrhythmus. Es ist einfach, sich ruhig
hinzusetzten und in diesem Zustand alle drei "Rhythmus - Aktionen" fliessen
zu lassen. Aber wichtig wird dieses Zulassen ja auch im alltäglichen Tun; da
heisst es auch in der Hektik des Alltags diesen wichtigen Teil der Atempause
nicht zu übergehen! Aus diesem Grunde üben wir in vorgegebenen Bewegungsabläufen, sich diese Pause bewusst zu machen und auch zuzulassen.

**Atmen und Übungstätigkeit bilden die wichtige Brücke zur ausgegliche-
nen Harmonie in der Aktivität. Versuchen Sie die Übungen also nicht nur
zu machen, sondern diese auch zu leben!**

Bewegung und Atemrhythmus

z.B.: Atemrhythmus 3:1 = Drei Bewegungen lang laut ausatmen, während der vierten durch die Nase einatmen etc.

Wieder begleiten wir bewusst und laut die Ausatmung und versuchen diese Entspannungsphase an bestimmte äussere Anforderungen anzupassen.

Vielleicht gehören Sie zu den Menschen, die sich durch diese Übungsweise erst einmal eingeengt fühlen - besonders wenn der eigene Atemrhythmus aus dem Gleise geraten ist, braucht es oft eine gewisse Übungsphase, bis sich der spürbare Erfolg einstellt. Man muss regelrecht trainieren, in welcher Weise man den Atem, einer Bewegungsfolge entsprechend, verströmen lassen kann, damit die Lungen geleert werden und die darauffolgende Einatmung mühelos und ohne Willkür geschieht.

Wenn Sie die folgende Einatmung einfach geschehen lassen und merken, dass Ihnen dieses *Zulassenkönnen* auch eine vertiefende Wirkung bei einer ganz kurzen Einatmung bringt, dann werden Sie dieses ganzheitliche Üben immer mehr geniessen.

Wir können diese "Arbeitsweise" mit einem Musikstück vergleichen: Takt und Noten sind vorgegeben. Trotzdem spielen gute Musiker die gleiche Komposition immer unterschiedlich. Sie lassen die Musik innerhalb des vorgegebenen Rahmens individuell klingen; aus dem Notenbild wird lebendige Musik.

Genauso ergeht es uns mit der Ausatmung in einem gewählten Taktrahmen: Je musikalischer, d.h. angenehmer man die Luft in der vorgegebenen Zeit ausströmen lässt, desto freier und grösser wird die Atemantwort sein. Dieser Rhythmus überträgt sich auf unsere Psyche - auch sie wird freier und entspannter.

Versuch 3:

Gleiche Übung wie bei dem Versuch 2, jedoch mit einem vorgegebenen fortlaufenden Atemrhythmus 3 :1

Wenn Sie nun Ihre Ausatmung während drei Bewegungswechseln so ausströmen lassen können, dass sich Ihre Einatmung während des vierten Wechsels wie von allein einstellt, werden Sie feststellen, dass Sie diese Aufgabe rhythmisch immer gleichmässiger lösen können - und vor allem, dass Sie sich dabei immer wohler und sicherer fühlen!

Wie soll man sich rückengerecht hinlegen?

Richtiges Liegen oder Aufstehen entlastet die Kreuzgegend. Richtig ist eigentlich alles, was das sogenannte "Hohlkreuz machen" verhindert. Vielleicht haben Sie Ihre Variante schon in einer Rückenschule oder bei einem Therapeuten kennengelernt und kommen damit gut zurecht.
Dann lassen Sie es dabei.

Mein Vorschlag, wie man sich rückengerecht hinlegt und wieder aufrichtet, ist folgender:

Hinlegen

Wenn man die Beine breit auf den Boden stellt erreicht man eine stabilere Standfläche des Gesässes. Die Hände umfassen die Knie von aussen, das Kinn etwas zur Brust senken. Mit dem Laut "SCH ..." ausatmend lässt man sich in die Arme zurücksinken, bis diese ganz gestreckt werden. Es ist wichtig, dass die Arme in den Ellenbogen nicht gebeugt werden, weil dies eine unnötig Belastung der Schultern bedeutet. Verweilen Sie einen Moment, bevor Sie die Füsse abheben und mit einer nächsten Ausatmung die Knie ganz fest gegen die Hände drücken, während Sie gemütlich den Rücken zurückrollen können.

Aufstehen

Sie liegen auf dem Rücken und ziehen beide Knie zur Brust. Rollen Sie sich wie ein "Kinderpäckchen" zur Seite (wobei der Kopf auf dem Boden liegen bleibt) - und Sie können sich mit beiden Händen auf dieser Seite am Bodenab- stützen, während Sie sich ausatmend aufrichten. Achten Sie darauf, dass Sie nicht im letzten Moment ein Bein strecken, damit Ihr Kreuzbereich schön "rund" bleibt.

Der Fussdruck

Immer wieder werden Sie bei den Übungen lesen: Fussdruck einsetzen oder gut mit den Füssen abstossen. Dem „Fussdruck" gehört also unsere Aufmerksamkeit. Er ist eine besondere Hilfe in der Haltungs- und Bewegungsschulung.

In Rückenlage

Beginnen Sie, wie in allen Übungen: Ausatmen mit lautem "SCH". Erst wenn Sie merken, dass Ihre Bauchdecke im Ausatem nachgibt, schieben Sie Ihre Füsse nach vorn. Dieses nach vorn schieben wird in der Folge als Fussdruck oder als Abstossen mit den Füssen bezeichnet. Es dient der Entlastung des Kreuzes.

Sie spüren die Entlastung im Rücken nicht?

Vielleicht drücken Sie Ihre Füsse in den Boden hinein, statt an diesem entlang? Oder Sie haben zu wenig oder zu viel Kraft in den Füssen aufgewendet? Atmen Sie während dieser Übung? Lassen Sie gleichzeitig ein sanftes, aber gut hörbares „SCH..." verklingen.

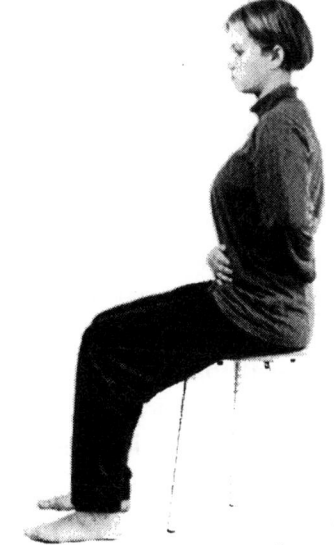

Auch Sitzend beginnen Sie ausatmend, damit sich Ihr Inneres entspannt. Sobald die Bauchdecke etwas nachgibt, geben Sie Fussdruck (wenn die Füsse auf einer Matte stehen,versuchen Sie diese wegzuschieben).
Sie entlasten damit Ihr Kreuz.
Fühlen Sie diese sinkende Bewegung im Kreuz auch mit der Hand.

Die innere Anteilnahme

Behalten Sie während einer Bewegung oder gar während einer ganzen Abfolge von Bewegungen gleichzeitig den Atemablauf und Ihre Haltung ebenso im Auge, wie auch Ihre inneren Regungen.

Diese innere Anteilnahme, ohne "verbissenes Dabeisein", unterstützt eine meditative Konzentration, aus der sich ganz neue Impulse für die eigene Lebensführung entwickeln können.

Nach jeder, auch kleinen Übung:

Schnuppern, sich räkeln, gähnen, Pause einschalten

Schnuppern:

Legen Sie sich zwei Finger an Ihre Nasengrübchen und nehmen Sie die einströmende Luft mit ein paar lockeren Schnupperstösschen auf, gerade so, wie wenn Sie an einer wunderbar duftenden Rose riechen würden. Wenn Sie gleichzeitig Ihre Aufmerksamkeit in die Körpermitte lenken, so suchen und finden Sie Ihre Zwerchfellbewegung - "Ihr lachendes Zwerchfell".

Sich strecken, dehnen und
herzhaft gähnen:

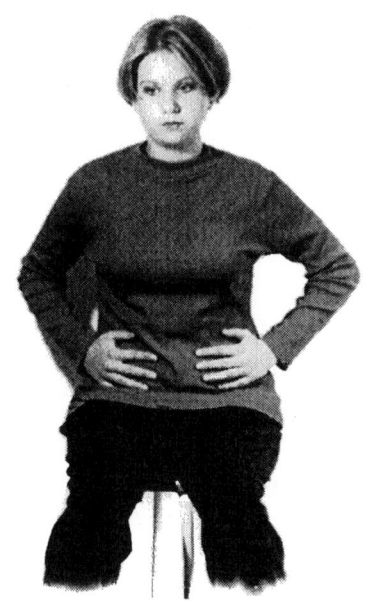

Nachspüren
Nachatmen:

Pause einschalten, in Ruhe die Reaktionen
des Körpers suchen und beobachten, ohne
sie willentlich zu beeinflussen.

Ist der Körper in den bewegten Stellen le-
bendiger geworden? Vielleicht wärmer oder
schwerer etc.?
Und wie ist die Atemantwort auf mein Be-
mühen? Ist die Atmung jetzt tiefer und weiter geworden?

Kleines Übungsbrevier

Wenn Sie die Atemmethode von Klara Wolf bereits kennen, so können Sie dieses Kapitel überspringen. Sind Sie aber Neuling? Dann möchte ich Sie zu vier einführenden "Atemversuchen" einladen.

Lassen Sie mit einem gut hörbaren „SCH.." den Atem verströmen während Sie sich mit lockeren Fäusten auf Ihren Brustkorb klopfen.
Während der Einatmung lassen Sie die Hände ruhen, damit Sie sich auf diese Atembewegung konzentrieren können.
Stöhnen Sie ruhig!
Wie alle Übungen wiederholen Sie dieses Klopfen etwa drei- oder viermal.

Stellen Sie sich vor, dass Sie ein Häufchen Sand ganz gleichmässig zwischen den Fingern zerrinnen lassen, bis die Hand leer ist. Und Sie warten einfach ab, was dann geschieht).

Das Gleiche übertragen wir auf den Atem: wir lassen ihn mit einem weichen "SCH.." oder "S..." so verströmen, dass wir am Schluss der Ausatmung einfach abwarten können und beobachten, wie gerade durch dieses ruhige Warten die neue Einatmung von alleine geschieht. Die aufkommende ruhige, tiefe und volle Einatmung ist ein Zeichen dafür, dass die Atempause am Schluss der Ausatmung zugelassen wird.

Legen Sie sich zwei Finger in die Nasengrübchen hinter den Nasenflügeln und
schnuppern Sie die hereinströmende Luft
in ein paar Stösschen ein. Ihre Aufmerksamkeit gilt gleichzeitig der Zwerchfell-
und Bauchgegend. Gibt Ihre Bauchdek-
ke für das „Zwerchfellhüpfen" nach?

Strecken und dehnen Sie sich und
gähnen Sie so richtig herzhaft ...

... beobachten Sie in Ruhe für einen kurzen Moment körperliche und seelische
Reaktionen, die in Ihnen durch solches
Tun ausgelöst werden. Fühlen Sie sich
gelöster? Haben Sie den Eindruck, dass
Ihre Glieder besser durchblutet und wärmer geworden sind?

Legen Sie sich bitte auf den Rücken und schütteln Sie Arme und Beine ganz
locker zur Decke und lassen Sie dabei ein kräftiges „A..." ausklingen.
Stellen Sie Ihre Beine wieder zurück und lassen Sie sie nacheinander zum
Boden rutschen.

Wiederholen Sie dieses Ausschütteln mit Phonationbegleitung 3 oder
4 mal.

Dann: Schnuppern, sich dehnen,
gähnen, in Ruhe nachspüren

Je besser Sie den Moment der Atempause auch in diesem flüssigen Tun
zulassen können, desto freier fühlen Sie sich dabei. Diese Atempause auch
in Bewegungen nicht zu unterdrücken oder zu übergehen wird in verschiedenen Variationen geübt.

Bewegen Sie beide Arme diagonal dehnend.
Lassen Sie Ihren Atem während vier Armbewegungen so ausfliessen, dass neue
Luft während des fünften Wechsels von allein in die Lungen einströmt...
Und schon beginnen Sie wieder ausatmend von vorne zu zählen ..etc. .
Zur Entlastung der Kreuzgegend achten Sie bitte darauf, dass Sie bei jedem
Armwechsel mit den Knien federn.

Wiederholen Sie diesen Vorgang wieder ca. 4 mal.
Danach: Schnuppern, sich dehnen, gähnen, in Ruhe nachspüren!

Haben Sie eine gute Nase?

" Nicht Jedem ist es gegeben,

eine Nase zu haben"

sagt ein Sprichwort.

„Hier stinkt's .... da ist doch etwas faul .... In geschäftlichen Angelegenheiten verlasse ich mich ganz auf meine Nase .... Es kitzelt mich in der Nase, wenn ich nur daran denke, dass ....etc." Solche Sprichworte über den guten Spürsinn und den besonderen Riecher sagen bereits sehr viel über dieses wichtige Sinnesorgan aus: Unsere Nase ist nicht einfach nur ein starres Eingangsrohr für die Luft, sondern ein lebendiges Funktionsorgan der Atmung, mit grossem Einfluss auf unser ganzes Befinden. Diese Pforte besitzt ein reichhaltiges Innenleben mit reflektorischen Zusammenhängen zu anderen Organen im Körper. (z.B. Kehlkopf, Bronchien, Herz, Magen, Gebärmutter etc.)

Nur wenige Sekunden dauert die Einatmung. Aber auf ihrem Weg wird die Luft gründlich begutachtet und für eine schonende Aufnahme in den Lungen aufbereitet. Das ist wichtig, denn die Luft, die wir einatmen enthält Staubpartikel und Bakterien. In Städten und Industrienähe hat sich unser Atmungssystem ausserdem mit Russ und Auspuffgasen auseinanderzusetzen.

Hygienische Massnahmen in der Nase

In der Nase wird die durchstreichende Luft erwärmt (venöses Schwellgewebe) und befeuchtet (Becherzellen). Staubpartikel und Bakterien bleiben auf der Strecke, weil sie die Windungen der Nasengänge nicht passieren können. Viele werden, von Sekret eingehüllt, dank feiner Häärchen (Flimmerepithel), die sich dem Luftstrom entgegengesetzt bewegen, wieder hinausbefördert.

Hat die eintretende Luft die Nase und die Trachea (Luftröhre) passiert, ist dieser Reinigungs- und Überprüfungsablauf weitgehend abgeschlossen. Die Bronchien und Bronchiolen, beides Leitkanäle, die direkt in die Lungen führen, sind auf ein gut funktionierendes "Reinigungsinstitut Nase" angewiesen.

Husten und Niesen

Sammeln sich Verunreinigungen auf den Schleimhäuten von Nase und Trachea an, verursachen sie durch ihren Reiz explosionsartige Abwehrreaktionen; nämlich Husten und Niesen. Beides sind wirksame Reflexvorrichtungen der Atmungsorgane, um die Atemwege frei von Fremdkörpern zu halten. Bei einem Hustenstoss wird die Luft mit einer Geschwindigkeit von ca. 120 bis 160 km/h aus den Lungen gestossen und reisst durch ihren hohen Druck jedes Partikelchen, das sich in dem Bronchien oder der Luftröhre befindet mit sich. Das Niesen, welches eigentlich nur ein sehr schnelles Einatmen und wieder Ausstossen von Luft ist, reinigt die Schleimhäute der Nasenhöhlen von Staub und Partikeln.

Atmen durch die Nase ordnet und belebt den ganzen Organismus!

Wenn wir beim "Schnuppern" die Finger in die Nasengrübchen legen, unterstützen wir die natürliche Nasenenge: Hinter den beiden Nasenflügeln verengen sich die Grübchen bei jedem Atemzug und sorgen damit für einen gesunden Trainingseffekt der Atemmuskeln. Von aussen sichtbar werden das Einziehen der Nasengrübchen und das gleichzeitige Aufplustern der davor liegenden Nasenflügel.

Die gesunde und natürliche Atmung geschieht während der Einatmung durch den mittleren und oberen Nasengang, bei der Ausatmung durch den mittleren und unteren Weg.

Werden bestimmte Nervenäste, die hauptsächlich über der obersten Nasenmuschel liegen, von der durchstreichenden Luft angesprochen, übertragen sie eine rhythmisch-ordnende Wirkung auf Hirn-, Nerven- und Organtätigkeit.

Wird die Nase nicht richtig gebraucht oder wird gar durch den Mund geatmet, verkümmern alle ihre Funktionen. Es kann sogar zu Schleimhautschwellungen und Verkrampfungen in den oberen Atemwegen kommen, die zu paradoxen Reaktionen führen.

Querschnitt durch die linke Nasenhöhle:

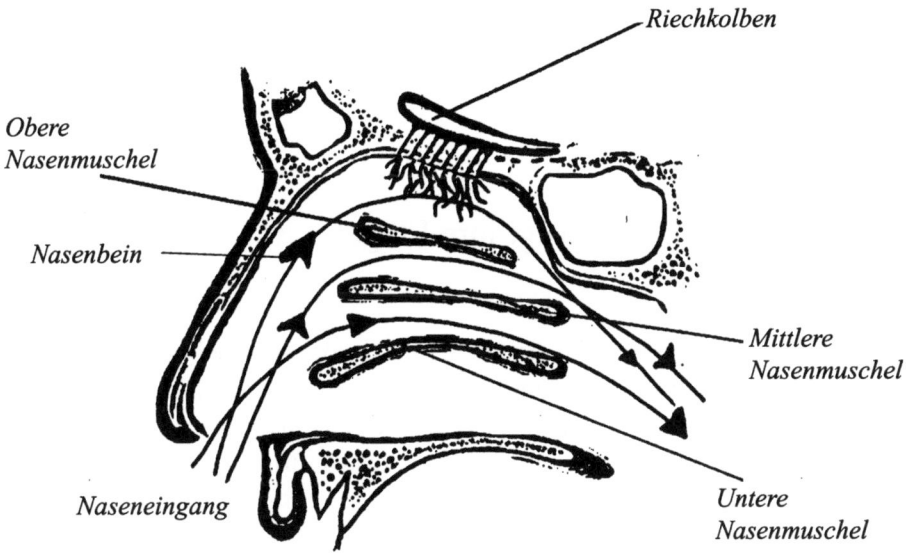

Sie sind müde und wollen doch wach bleiben?
Dann „schnuppern" Sie doch einfach, wie bereits beschrieben, zwei- oder dreimal - und Sie fühlen sich sofort wieder frischer.

Variante: Wenn Sie mit den Lippen einen „Kussmund" formen und so tun, als ob Sie an einer fein duftenden Rose schnuppern, bekommen Sie eine ähnliche Bremswirkung des Luftstromes, wie wenn Sie Ihre Finger in die Grübchen legen.

Wenn der Reinigungseffekt ausbleibt

Mangelnde Reinigung, Anfeuchtung und Erwärmung der Luft kann zu Mandel- und Kehlkopfentzündungen, Bronchialkatarrh, Lungenentzündung oder Asthma führen. Ungenügende Benützung der richtigen Nasenwege kann zu Nasenschleimhautatrophie oder Nebenhöhlenentzündung führen.

Übrigens,sind Sie RaucherIn?
Wussten Sie, dass das Rauchen von nur einer Zigarette die Häärchenreinigung des Flimmerepithels in den Atemwegen für ganze drei Stunden ausser Betrieb setzen kann?

Eine gesunde Nase bewegt ihre Flügel

Wenn ihre natürliche Flügelbewegung fehlt, kann die äussere Nase richtig starr und unelastisch werden, was eine flache Atmung mit mangelhafter Sauerstoffversorgung geradezu begünstigt. Es können Kreislaufstörungen und Herzschwäche mit einem allgemeinen Tonusverlust auftreten, was sich auch in Haltungsschwäche ausdrückt.
Durch den Ausfall der Nasensensibilität und deren nervösen Reflexwirkungen auf Organtätigkeit und Nervensystem, machen sich Müdigkeit, Konzentrationsschwäche und funktionelle Organstörungen bemerkbar.

Wer als Kind durch den Mund atmet
bleibt als Erwachsene oft ein "versteckter Mundatmer"

Beim chronischen Mundatmer treten früher oder später Schädigungen der Bronchien auf. Auch mangelnde Vitalität und Aufmerksamkeit bis hin zur Beeinträchtigung der Lernfähigkeit sind zu beobachten. Menschen, die ihre richtige Nasenatmung wieder gefunden haben, stellen oft erstaunt fest, dass sie Düfte wieder wahrnehmen und sich besser konzentrieren können.

Es lohnt sich, schon bei den Kindern auf eine richtige Nasenatmung zu achten !

Nicht alle Kinder atmen "freiwillig" durch die Nase. Viele sind oft schon richtig gewohnheitsmässige Mundatmer. Grund dafür können organische Hindernisse sein, aber auch ganz einfach erworbene Faulheit - es geht einfacher und scheinbar schneller durch den Mund.

Später gewöhnt sich der Erwachsene wieder an die Atmung durch die Nase, weil der offene Mund doch den Eindruck von Beschränktheit erweckt. Seine Nasenflügel sind aber starr geworden und beteiligen sich kaum mehr am Atemvorgang. Da ihm das richtige Nasentraining fehlt, sucht dieser Erwachsene unbewusst den Weg des geringsten Widerstandes, wobei er den wichtigen Weg über die oberste Nasenmuschel kaum benützt und damit auch die Atemmuskeln ungenügend einsetzt.

Mit Nasenübungen können wir keine vorhandenen Polypen wegatmen.

Eine verbesserte Regulation des Luftstromes, der Durchblutung und Lymphströmung im Nasenbereich und der Funktion von sensiblen Riechnerven hilft jedoch bei vielen funktionellen Störungen.

Nasennebenhöhlen

Durch kleine Gänge sind die Nasennebenhöhlen mit der eigentlichen Nasenhöhle verbunden. Auch diese mit Luft gefüllten Innenhöfe des Schädels sind
mit Schleimhaut ausgekleidet. Dazu gehören:
unten zwei Kieferhöhlen, in der Mitte ca. 6 bis 10 kleine Siebbein- und zwei
Keilbeinhöhlen und oben zwei Stirnbeinhöhlen.

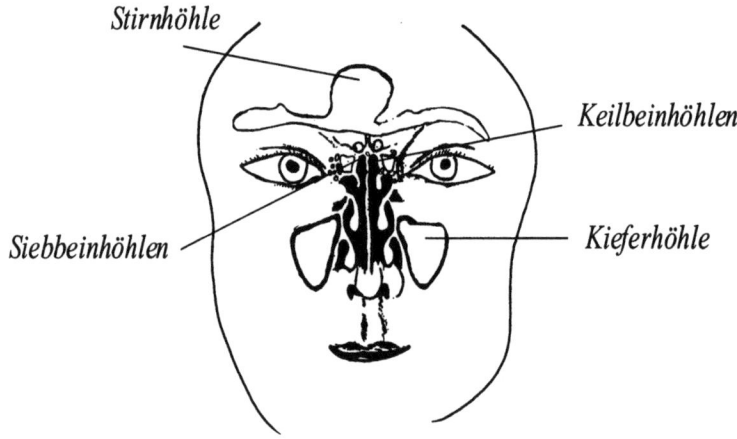

Die Schleimhaut in den Nasennebenhöhlen produziert ein Sekret, das normalerweise über einen kleinen Gang in die Nase weitergeleitet wird.
Da dieser ziemlich eng ist, kann sich der Schleim in den einzelnen Nebenhöhlen relativ leicht anstauen und damit einen idealen Nährboden für Bakteri-
en und Viren bieten. Bei Menschen mit angeborener Verengung oder Knick-
bildung in diesen Gängen besteht eine ganz besondere Bereitschaft für immer
wiederkehrende Entzündungen.
Auch Mittelohrentzündungen treten häufig in Zusammenhang mit einer Erkältung auf, da sich Bakterien und Viren auch über die sogenannte Ohrtrompete,
eine Verbindung zwischen Nasenrachenraum und Mittelohr verteilen.
Mit regelmässig durchgeführten Nasenübungen wird die Durchlüftung dieser
gefährdeten Nebenhöhlen ganz wesentlich verbessert !

Erkältet - Husten ?

Hie und da einmal einen Schnupfen zu haben bedeutet sicher keine Tragödie. Manchmal verhelfen solche Körperreaktionen sogar zu einer ungeplanten Ruhephase, in der sich wieder neue Energien sammeln können. Wenn die Erkältung gerade ihren Anfang nimmt, kann sie oft durch ein aufsteigendes Kräuterbad abgewendet werden. Danach aber sofort ins warme Bett !
Die Lebensweise vieler Menschen in unserer Zivilisation begünstigt aber die Neigung zu häufiger Infektanfälligkeit der oberen Luftwege (Nase, Nebenhöhlen; Rachen, Bronchien) geradezu. Denaturierte Nahrung (Zucker, Weissbrot, Konserven), aber auch Luft-, Bewegungsmangel, negativer Stress und ungenügende Ruhe- und Schlafzeiten gehören oft auch schon zum Kinderalltag. Dann werden häufige Erkältungen zur Plage, und sie können zu den erwähnten organischen Veränderungen in den Atemwegen führen.

Chronische Bronchitis - Asthma ?

Zwei häufige Krankheitsformen, welche die Atemwege betreffen, sind die Bronchitis und das Asthma. Bei der chonischen Bronchitis versagt sozusagen das Putzsystem des Körpers und man wird genötigt, ein fremdes „Reinigungsinstitut" (Medikamente) für das Abtransportieren der vermehrten Schleimproduktion heranzuziehen.
Beim Asthma entsteht neben der Schleimverstopfung zusätzlich noch eine Verkrampfung der Bronchialmuskulatur.

Als Selbsthilfe sind hier Klopf- und Dehnübungen im Brustkorbbereich besonders geeignet, um diese Entschleimung zu unterstützen und die körpereigenen Abwehrkräfte zu mobilisieren.

Die laute und gebremste Ausatmung hilft dem Asthmatiker seine Atemmuskeln in den oberen Atemwegen zu entkrampfen.

Vorbeugen ist besser als Heilen

Härten Sie Ihren Körper ab, indem Sie auch in der kalten Jahreszeit ins Freie gehen. Sinnvoll sind auch Wechselduschen und Schlafen bei offenem Fenster in ungeheizten Räumen. Atemübungen unterstützen die Abwehrkräfte.

Verstopfte Nase ?

Ziehen Sie mit Ihren Fingern an beiden Nasenflügeln, so Sie bekommen mehr Luft. Manchmal ist dieses Weiten sinnvoll, damit man danach die verschiedenen Nasenübungen besser durchführen kann, die letztlich den verbesserten hygienischen Funktionen in den Nasenschleimhäuten dienen.

Richtig Schneuzen, Husten und Niesen!

Unterdrücken Sie bei einem beginnenden Schnupfen niemals den Nies- oder Hustenreiz! Niesen und richtiges Husten reinigen die Atemwege ebenso wie das Schneuzen.
Schneuzen Sie vorsichtig, ohne großen Druck. Dabei halten Sie stets ein Nasenloch geschlossen. Nur derjenige Schleim sollte hinausbefördert werden, der sich leicht löst. Zu starkes Pressen kann dazu führen, dass dieser viren- und bakterienhaltige Schleim in die Nasennebenhöhlen oder die Ohrtrompete eindringt und dort Entzündungen hervorruft.

Wenn Sie dieses Schneuzen "auf dem Trockenen" üben, beherrschen sie es auch im "Notfall"!

Bei Husten verschaffen einfache Klopfübungen auf den Brustkorb Erleichterung. Der angesammelte Schleim kann leichter ausgeräuspert oder ausgehustet werden. Auch ein warmer feuchter Brustwickel kann lösend wirken. Halten Sie Ihre Nase über heissen (nicht zu heissem) Wasserdampf, um die Nasenschleimhäute zu regulieren und trinken Sie viel!

Schneuzen, Husten, Niesen mit dem Bauch

Achten Sie beim Husten auf Ihre Bauchkrafthilfe!
Übrigens: Wenn Sie feststellen, dass Sie auch auf diese Weise Niesen, haben
Sie ein kräftiges und reaktionsfähiges Zwerchfell !

Ein Nasenloch leicht mit dem Taschentuch zuhalten, die andere Hand kontrolliert die Bauchbewegung:

Gleichzeitig „Fussdruck"
geben und Bauchdecke einziehen,
während man durch das andere Nasenloch auspustet.
Fussdruck / Bauchdecke lösen.

Partnerfirma: Atmung und Herz

Tag und Nacht stehen Atmung und Herz wie ein Partnerunternehmen im Dienste des ganzen Menschen. Beide reagieren auf körperliche, psychische und geistige Aktivitäten mit entsprechendem Einsatz: So braucht zum Beispiel ein Mensch mit gesunder und angemesser körperlicher Betätigung für seinen gesteigerten Stoffwechsel mehr Sauerstoff, als eine schlafende Person.

Arbeiten Atemeinheit und Herzkreislauf ungenügend, reicht es zwar noch lange zum Leben, aber das vorhandene Energiepotential des Menschen für seine Lebensäusserungen - wie Zellerneuerung, Wachstum, Wärmeerzeugung, körperliche oder geistige Leistungen und Widerstandskräfte etc. - wird einfach ungenügend ausgeschöpft. Ein Energiemangelgefühl ist die Folge

Um die eigenen vitalen Möglichkeiten optimal ausschöpfen zu können, braucht es den rhythmischen Wechsel zwischen Ruhe- und Entspannungszeiten, die auch für Herz und Atmung ein „Leisertreten" bedeuten, und gesunder Tätigkeit, um den ganzen Körper in „Schwung" zu halten.

Nehmen wir das Beispiel Jogging! Beseelt vom Gedanken sich etwas Gutes zu tun, rennen Menschen laut schnaufend und mit hochrotem Kopf an uns vorbei. Was müssen sich Menschen mit solcher sportlicher Überforderung wohl beweisen? Spass macht das Joggen auf diese Weise doch wohl kaum! Dies ist ein Kräfteverschleiss, den wir uns ersparen können.

Wer hingegen sinnvoll joggen möchte, steigert seine Ausdauer, indem er zuerst die körperliche Anstrengung so weit zurücknimmt, wie es der Körper verträgt, die Atmung und der Kreislauf nicht überfordert werden.

Versuchen Sie also anfangs nur so schnell und so lang zu laufen, wie dies mit geschlossenem Mund möglich ist. Sie werden mit der Zeit feststellen, dass sich Ihre Kräfte gerade durch diese Zurücknahme mit dem regelmässigen Training vermehren.

Das Herz ist der treibende Motor für den Blutkreislauf, den wir mit einem Fliessband vergleichen könnten, das durch den ganzen Körper zieht, und auf dem Dinge auf- und abgeladen werden.

Sauerstoff wird zum Beispiel in den Lungen aufgenommen und in einer Fusszehe mit Nährstoffen aus der Nahrung abgeladen, damit diese Zehe sich bewegen kann.

Hier wird das „Blut - Fliessband" aber gleich wieder mit Kohlensäuremolekülen beladen, die ihrerseits darauf über das Herz zu den Lungen mitfahren, wo sie mittels Ausatemvorgang abgeworfen werden.

Wenn nun der Motor klemmt, läuft das Fliessband schlechter, aber auch umgekehrt: Wenn der ganze Ablauf klemmt, weil zum Beispiel die Gefässmuskeln angespannt sind, muss der Motor kräftiger arbeiten.

Sind die Lungen nicht in allen Teilen frisch mit sauerstoffreicher Luft aufgefüllt, muss das Herz ebenfalls Mehrarbeit leisten, um mit einem schnelleren Kreislauf die geforderte Menge Sauerstoff zu den Körperzellen bringen zu können.

Wenn wir dafür sorgen, dass wir den Lebenssituationen entsprechend immer genügend Sauerstoff in die Lungen einatmen, so bedeutet dies eine gewaltige Unterstützung für unser Herz.

Eine freie und tiefe Atembewegung ist für den Kreislauf des Blutes sowohl in chemischer als auch in physikalischer Hinsicht wichtig.

Die vollwertige Einatmung unterstützt die Rücksogwirkung von verbrauchtem Blut aus dem Bauch- in den Brustraum. Eine grössere Blutmenge strömt ins Herz, welches nun mit wenig Aufwand dank verlängerter und vertiefter Ausatmung mehr Blut auf einen Schlag in die Perpherie auszuwerfen vermag. Mit einem regelmässig durchgeführten Atemtraining werden also sowohl die Atmung mit allen beteiligten Muskeln gestärkt und gekräftigt, als auch der Kreislauf angeregt und das Herz entlastet.

Mit Röntgenaufnahmen ist schon festgestellt worden, dass sich nach längerer Zeit richtigen Atemtrainings unter fachkundiger Anleitung erweiterte Herzen wieder verkleinert hatten.

Bei Menschen mit zu hohem Blutdruck verbesserten sich diese Druckverhältnisse bei regelmässigem Üben von entspannenden Atemübungen. Bei niedrigem Blutdruck eignen sich die schüttelnden und anregenden Übungen am besten.

Durch den angeregten Kreislauf wiederum werden auch die Lungengewebe besser durchblutet (angesammeltes Sekret wird leichter verflüssigt) und entschleimt.

Haben Sie in den letzten Jahren auch festgestelllt, dass die Möbel immer schneller wieder mit einer Staubschicht oder zeitweise gar mit feinem Sand belegt werden? Immer häufiger muss man „Staub wischen", um die Wohnung sauber zu halten. Das gleiche gilt auch für unsere Lungen. Auch hier brauchen wir ein gutes „Abstauben", d.h. eine gute Durchlüftung, damit sich krankmachende Keime nicht festsetzen und Schaden anrichten können. Und auch hier setzt sich der „Saharastaub" mehr ab, als dies früher der Fall war.

Deshalb macht das Üben auch für Gesunde Sinn. Genauso wie in anderen Organen, sind die Zellen in Lungen und Herzmuskel selbst auf eine gute Durchlüftung (Sauerstoffversorgung) angewiesen.

Gute Nasenatmung unterstützt
Herz- und Kreislauftägigkeit

Neben hygienischen und reinigenden Funktionen der Nasenschleimhaut, welche ein Erwärmen auf Körpertemperatur, ein Befeuchten der Luft und dadurch ein Einbinden der Staubpartikel etc. in diese Sekrete ermöglichen, unterstützt die natürliche Enge im Naseninnern eine koordinierte Tätigkeit der Atemmuskeln für die Sauerstoffaufnahme.

Sie vergrössert den Unterdruck im Brustraum gegenüber dem Druck im Bauchraum, und bewirkt dadurch einen verbesserten Rücktransport des venösen (verbrauchten) Blutes zum Herzen.

Die Pause dazwischen ...

Im Atemablauf spiegelt sich ein Prinzip, das wir in unserem Leben immer wieder antreffen: Geben und Nehmen (von Luft und Gasen) oder Arbeiten und Ruhen (Anspannen und Entspannen der Muskeln).

Der natürliche Atemablauf

Über nervliche Informationsbahnen wird das Atemzentrum, welches im verlängerten Rückenmark liegt, über den Gasgehalt des Blutes informiert. Seinerseits löst es reflektorische Reize in den Atemmuskeln zwischen den Rippen und im Zwerchfell aus. Durch die Kontraktion dieser Muskeln wird der Brustkorb geöffnet und die Bauchorgane werden zur Seite bewegt und nach vorn geschoben.

In der Lunge entfaltet sich der Luftraum für den äusseren Gasaustausch. Fliessend folgt dieser Anspannung der Atemmuskeln in der Einatemphase ihre Entspannungsphase, wobei Bauchorgane und Brustkorb wieder in die Ausgangsstellung zurückgleiten.

Am Ende dieses Ablaufes steht die Atempause. Diese Pause dauert nur den Bruchteil einer Sekunde und ist trotzdem von grosser Wichtigkeit für den ganzen Organismus. Normalerweise geschieht dieser ganze Atemablauf von Anspannung und Entspannung unbewusst, und sein Rhythmus wird von der Stoffwechselnachfrage in den Körperzellen bestimmt.

Atempause

Seelisch oder körperlich bedingte Fehlatmungen führen aber oft zu einem „Überspielen" der Atempause. Die Atmung wird hektischer, flacher und ungenügend. Der rhythmische Wechsel zwischen Einatmen und Ausatmen wird gestört und äussert sich in einer Über- oder einer Unterspannung. Da sich der

Spannungszustand in den Atemmuskeln aber auch auf andere Muskelgruppen überträgt, ist es wichtig, dass diese kleine Atempause nicht übergangen, sondern in jedem Atemzug auch zugelassen wird.

In diesen Atemübungen hilft die tönende Ausatmung, ein Gespür für das Zulassen dieser Atempause zu entwickeln. Mit Hilfe der gesteuerten Ausatmung verbessert sich die Entspannungsfähigkeit nicht nur in den Atemmuskeln, sondern über nervlich-hormonelle Ansprechbarkeit auch in den inneren Organen.

Die Atmung ist Spiegel der Seele

Das griechische Wort "pneuma" (Wind, Hauch) wurde ursprünglich schon als Windbewegung auch des Atems und als eine alles durchdringende Lebenskraft verstanden.

Bereits die Stoiker erkannten hinter dem reinen "Sauerstoff auftanken" auch einen geistigen Vorgang. Ein ärgerlicher oder ängstlicher Mensch atmet unregelmässig und schwach. Der freie und entspannte Mensch hingegen kann auch ruhig und tief atmen. Das persönliche Befinden spiegelt sich immer in der Atmung; umgekehrt kann eine gleichmässige und ungezwungen tiefe Atmung ihrerseits aber viel zur Beruhigung und Harmonisierung der Gefühle beitragen.

Atem-, Kreislauf- und Tonuszentrum liegen nahe beieinander. Sie werden gemeinsam durch übergeordnete Zentren im Hirn reguliert, die ihrerseits in Verbindung mit der Empfindungs- und Gefühlswelt stehen. Über diese Verbindungen führen z.B.: geistig - seelische Spannungszustände auch zu Tonusstörungen in der Skelettmuskulatur und zu Veränderungen des Atemgeschehens. Die Ausatmung wird mangelhaft, geschieht hektisch, gepresst oder gestossen, während die Einatmung ebenfalls überbetont wird und die Atempause verloren geht.

Ohne diese wichtige Entspannung wird der ganze Atemablauf immer mehr in den Brustraum verschoben; die fehlende, harmonische Zwerchfellbewegung in den Bauchraum führt zur Überspannung im Sonnengeflecht (Eine netzartige Verdichtung des vegetativen Nervenleitsystems), welches sich auch auf die Reizleitungen der vegetativ versorgten Organe im Bauchraum überträgt und hier Störungen verursacht.

Lebendigkeit im Bauch und Beckenraum

Der ganze Körperhohlraum mit dem Brustraum und dem gesamten Becken - Bauchraum bildet mit den darin liegenden Organen, Gefässen und Nerven funktionell eine Einheit. Den Körper- und Atembewegungen angepasst, verändern sich Raumgrössen und Druckverhältnisse in Brust- und Bauchraum, was entsprechende Veränderungen für die Lage und Funktion der Beckenorgane und ihrer Haltemuskulatur nach sich zieht.

Mit Atem- und Kreislaufübungen wird die Zellversorgung des gesamten Organismus verbessert; dank der integrierten Atem-Haltungsschulung die richtige Beckenstellung ins Bewusstsein gerückt (wichtige Voraussetzung, damit die Organe richtig liegen). Gezieltes Stoffwechseltraining verbessert den Muskeltonus, der für den Halt der Organe wichtig ist. Oft wird während einer anstrengenden Übung eingeatmet, oder es wird gar nicht geatmet. Wenn aber zum Beispiel bei einer Bauchmuskelübung das Zwerchfell (in Einatemstellung) gleichzeitig mit der Bauchdecke gestrafft wird, bewirkt dies einen besonders grossen Druck auf den Beckenausgang. Diesem Fehler begegnen wir, indem wir automatisch jede Übung ausatmend beginnen.

Vielen Menschen wird der Zusammenhang zwischen Atemfluss und Lebendigkeit im Bauch-und Beckenraum erst im Laufe einer Übungsreihe mit Entspannungstraining bewusst.

Die Muskulatur im Beckenboden

Atemübungen sind Aufbauelemente für eine harmonische Regulation der Drüsen- und Nerventätigkeit, und sie wirken besonders dort ausgleichend, wo damit zum Beispiel eine bis anhin umbemerkte ständige Anspannung der Beckenbodenmuskulatur bewusst gemacht und entkrampft wird (z.B.: Anspannung durch psychische Belastungen).

Eines Tages kam eine 89-jährige Frau in meine Praxis. Sie hatte gehört, dass ich spezielle Kurse bei Blasenschwäche anbiete. Da sie sich aber für eine Gruppe zu wenig flexibel fühlte, wollte sie einige Einzelstunden nehmen, um mit diesem Problem, das sie erst seit kurzem hatte, zurecht zu kommen. Sie schaute mich erwartungsvoll an und sagte: " Wo das Becken ist, das weiss ich!" und dabei klopfte sie sich auf die Hüfte. "Wo der Boden ist, das weiss ich auch", dabei zeigte sie resolut zum Fussboden. "Aber nun müssen Sie mir erklären, wo dieser Beckenboden ist, den man scheint's bei Blasenschwäche trainieren kann!"

Diese Frau gehörte eigentlich zu den wenigen Menschen, die ein Leben lang keine Schwierigkeiten mit der Blase kennen. Wie sie selbst bald feststellte lag ihr Problem nicht in der gealterten und geschwächten Beckenbodenmuskulatur, sondern stellte eher ein unangenehmes Teilstück von verschiedenen psychosozialen Stressreaktionen ihres Körpers dar.

Mit einfachen Atemübungen lernte sie sich wieder zu entspannen, was es ihr auch ermöglichte, ihre Gedanken wahrzunehmen und zu ordnen. Schon nach kurzer Zeit erzählte sie mir ganz glücklich, dass sie seit dieser Zeit wieder besser schlafen könne und dass sie sich entschlossen habe, den ersten Schritt zu tun, um einen Streit mit einer nahen Person zu lösen.

Sie hatte nämlich für sich einen neuen Zusammenhang gefunden zwischen ihrer Inkontinenz (meistens abends, wenn sie vor dem Fernseher sass oder in einem Buch las, verlor sie, ohne es zu merken Urin) und ihrer belastenden Situation. Nicht immer ist eine organische Ursache für einen ungenügenden Blasenverschluss verantwortlich; die Blase, einerseits ein Behälter, andererseit aber Pumpe, ist geradezu prädestiniert, psychischen "Überdruck" aufzunehmen und mit "ihren Möglichkeiten" abzulassen.

Inkontinenz von Blase oder Darm

Viele Menschen sind davon betroffen, aber wer redet schon gerne über ein solches Tabuthema! Naturgemäss sind Frauen anfälliger für Schwächen der Beckenbodenmuskulatur. Ein normaler Alterungsprozess, eine oder mehrere Geburten, aber auch ständige seelische Anspannung, die sich oft in diesem Bereich manifestiert, können diese Muskeln besonders schwächen. Als Folge davon kennt man die Inkontinenzprobleme von Blase oder Darm, Senkungen dieser Organe oder der Gebärmutter. Es entstehen zum Beispiel Harnträufeln, ungewollter Harnabgang in Ruhe oder bei körperlicher Aktivität, chronische Blasenentzündungen; bei Darminkontinenz unkontrollierter Stuhlabgang, Hämorrhoiden, Darmträgheit; bei der Gebärmuttersenkung ein Gefühl vollkommenen Halteverlustes der Beckenorgane.

Aber auch diese Muskulatur kann glücklicherweise trainiert werden. So bringt ein diszipliniertes Üben bei Blasen- und Beckenbodenschwäche gute Erfolge und verbessert zudem auch die sexuelle Lebensqualität.

Gerade in diesem intimen Bereich schafft bewusstes Üben einen Zugang zum eigenen inneren Geschehen und Erkennen der Spannungsverhältnisse, die sich verbessern lassen.

Diese Schulung der Sensibilität führt häufig zu einer verstärkten Orgasmusfähigkeit und erleichtert Frauen mit starken Beschwerden die Tage vor oder während ihrer Menstruation.

Wie testen Sie Ihren Beckenboden ?

Die Beckenbodenmuskulatur ist gesund und kräftig, wenn bei starkem Harndrang mit voller Blase gehustet werden kann und die Hose trocken bleibt!

Dafür lohnt es sich doch, sowohl vorbeugend als auch bei vorhandener Beckenbodenschwäche oder Organsenkung diese Muskelgruppe aufzuspüren und regelmässig zu trainieren!

Wie trainiert man die Beckenbodenmuskulatur ?

Zuerst einmal ist es wichtig, den eigenen "Beckenboden" zu spüren, damit man diese Muskelgruppe auch gut trainieren kann.

Immer wieder wird, sogar von Ärzten, den Frauen erklärt, dass das regelmässige Unterbrechen des Harnstrahls auf der Toilette ein Training für Blase und Beckenboden bedeute. Solches zu tun ist aber falsch und würde auf die Dauer zu Reizleitungsstörungen in der nervliche Versorgung der Blase führen.

Gerade für Frauen, deren Probleme der Blasenschwäche von einer Verkrampfung der Muskulatur im kleinen Becken kommen, kann dieses Unterbrechen des Urinsstrahles, oder ein zu langes Abwarten bei Harndrang zu regelrechten Miktionsstörungen führen.

Frauen, die jedoch sehr häufig auf die Toilette müssen und jeweils nur wenig Wasser lösen, könnten allerdings oft noch etwas abwarten und damit ihre Beckenbodenmuskulatur trainieren.

Es ist gut möglich, diese im Becken liegende Muskelplatte ohne Mithilfe von Gesäss- oder Bauchmuskeln anzuspannen und damit zu kräftigen.

Test: stehend oder liegend

Legen Sie eine Hand so über das Steissbein, dass Sie die Gesässmuskeln ebenfalls spüren und die andere Hand auf den Unterbauch.

Versuchen Sie nun diese inneren Muskeln anzuspannen, indem Sie Ausatmend Ihre Schliessmuskeln des Darmausganges (Anus) und die Scheide (Vagina) nach innen saugen.

Wenn Sie jetzt mit Ihren Händen weder ein Anspannen der Gesässmuskulatur noch des Bauches, hingegen ein deutliches Einziehen der Schliessmuskeln wahrnehmen, dann haben Sie die erste Grundübung für einen kräftigeren Beckenboden entdeckt. Es ist eine Übung, die man jederzeit unbemerkt durchführen kann und auch täglich mehrmals tun soll.

Eine weitere Hilfe, diese innere Muskelplatte, die aus verschiedenen Schichten zusammengefügt ist zu bewegen ist auch die Vorstellungskraft:

Legen Sie die Hände an Ihre Sitzhöcker. Stellen Sie sich vor, dass Ihre Beckenschüssel mit einem gummiartigen Tuch ausgekleidet ist. Raffen Sie dieses Tuch

in der Mitte gegen den Bauchraum zusammen. Stellen Sie sich dabei vor, wie sich auch die beiden knöchernen Sitzbeinhöcker einander nähern.
Wiederum bleiben Gesäss und Bauch locker während Sie eine deutliche Spannung innerhalb Ihres Beckens erzeugen.

Ausatmend „SCH .." diese inneren Muskeln kräftig anspannen und mit dem Einsetzen der Einatmung wieder ganz bewusst entspannen. Stöhnen Sie auch !
Versuchen Sie als Variante während einer einzigen Ausatmung diesen inneren Muskel mehrmals kurz und kräftig anzuspannen und wieder ganz loszulassen.
Achten Sie darauf, dass Sie Ihren Atem ruhig ausfliessen lassen - nicht stossweise oder gar die Luft anhalten.

Wenn Sie bei dieser Übung Schwierigkeiten haben, die verschiedenen Muskelpartien auseinander zu halten, würde ich Ihnen eine Einführung bei einer geschulten Fachperson empfehlen.
Natürlich nützt ein "reines Beckenbodentrainig" wie oben beschrieben nur bedingt etwas, wenn die Körperhaltung und Muskelkräfte im Bauch- und Hüftbereich zu schwach oder fehlgeleitet sind. Deshalb lohnt sich immer ein ganzheitliches Aufbautraining.

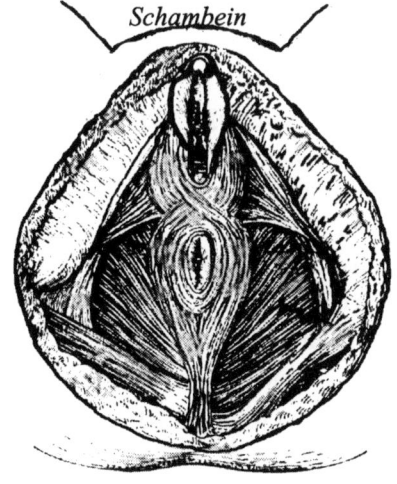

Das harmonische Zusammenspiel aller am Beckenboden beteiligter Muskeln verhilft auch zu einer erfüllten Sexualität.

Skizze eines weiblichen Beckenbodens

Atmung und Haltung

Unser modernes Leben birgt viele Gefahren, die es unserem Körper ermöglichen zu "rosten"!

Viele Berufe verlangen stundenlanges Ausharren in stehender oder sitzender Position. Wie oft wird zum Beispiel das Auto, der Lift oder die Tram benützt, wo man doch gut die eigenen Antriebskräfte (Muskeln) mit ausgleichenden Bewegungen einsetzen könnte?

Einseitige Belastungen bedeuten auch stundenlanges Sitzen oder Liegen vor dem Fernseher oder Computer. So entstehen Fehlspannungen in der Muskulatur, die zu Verkrampfungen und Verkürzungen der einen und zu Überdehnung der anderen Muskelpartien führen. Solche Fehlbelastungen führen schliesslich zur Fixierung einer Fehlhaltung.

Die doppelte S-Form entwickelt sich beim Säugling erst allmählich.

Der oberste Bogen bildet sich aus, wenn das Kind den Kopf anheben kann.

Mit der Fähigkeit zu sitzen, kommt die Biegung der Brustwirbelsäule dazu, und erst wenn das Kind stehen und gehen lernt, entwickelt sich auch die Eindellung der Lendenwirbelsäule.

(Es ist gegen die Entwicklung eines Kindes, wenn es vom elterlichen Ehrgeiz zu früh zum Gehen angeregt wird.)

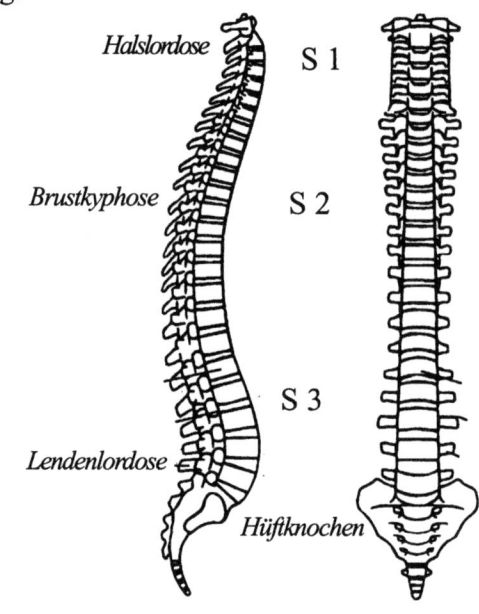

Halslordose S 1

Brustkyphose S 2

S 3

Lendenlordose

Hüftknochen

Wirbelsäule von der Seite   *Wirbelsäule von vorn*

Das feine Zusammenspiel von Wirbelsegmenten, Gelenken, Muskeln und Bändern erleichtert es dem Körper, sich bei jedem Lagewechsel gegen die Erdanziehung statisch neu zu orientieren und im Gleichgewicht zu bleiben.

Gute Haltung verlangt nach einer Wirbelsäule, deren Krümmungen in einem ausgeglichenen Verhältnis zueinander stehen. Sie beeinflusst auch die richtige Stellung des Brustkorbes mit angeschmiegten Schulterblättern, des Kopfes und des Beckens.

So ist der Körper bei einem gesunden und normal entwickelten Stütz-, Halte- und Bewegungsapparat zum Einen imstande, allen Bewegungen, die durch Schwerkraft erzeugt werden (Beugen, Zusammensinken, Fallen) lotgerecht zu wiederstehen; zum Anderen können wir Bewegungsabläufe kontrolliert durchführen wie Brot streichen, Koffer tragen oder uns vorneigen.

Auf dieser Achse baut auch der Brustkorb auf. Dabei bestimmen die Form und Haltung der Wirbelsäule zusammen mit der Rückenstreckermuskulatur ganz entscheidend auch Bau und Funktionsmöglichkeit des "Behälters für Lunge und Herz".

Atemhalt fängt in der Kindheit an !

In bestimmten Phasen der menschlichen Entwicklung ist die Wirbelsäule besonders anfällig für Fehlorientierungen. Störungen des Gleichgewichts der eigenen Haltekräfte können in Verbindung mit seelischer Bedrängnis auftreten (z.B. bei Trennung der Eltern, Konflikten mit Lehrern). Sie können Minderwertigkeitsgefühle ausdrücken (z.B. ein Mädchen wird von Kolleginnen nicht akzepiert, weil sie etwas dick ist) oder auch auf hormonelle Einflüsse in der Muskelentwicklung hinweisen.

Besonders anfällig sind Kinder von 5 bis 8 Jahre und Jugendliche in der Phase der Pubertät. Diese Abweichungen und Entgleisungen kann man im Atemausdruck schon erahnen, bevor sich auch Haltung und Bewegungen des Kindes entsprechend verändern. Für die Zellen des Halte- und Bewegungsapparates ist die Atmung nicht nur als Sauerstofflieferant mit Rücknahmegarantie (von Kohlensäure) von Bedeutung, sondern auch als mechanische Massage- und Ausgleichbewegung. Genauso wie die Entwicklung der Wirbelsäule ist aber auch die Entfaltungsmöglichkeit der Lungen beim Kind für den ganzen Organismus von Bedeutung. Langfristige Atemstörungen im Kindesalter können später zu verschiedensten schwerwiegenden Fehlfunktionen führen.

Chronischer Sauerstoffmangel durch ungenügende Atmung führt zu chemischen Veränderungen im ganzen Organismus: Versäuerung, Venenstau, Infektanfälligkeit durch Immunschwäche, mangelhafte Organtätigkeit, Leistungsabfall etc. .

Über den Atemrhythmus kann man den ganzen Organismus sowohl aufladen als auch entspannen. Die Verbindung von haltekorrigierenden und atemhygienischen Übungen, die auch den Kreislauf, die Gelenke und Muskeln, sowie das Vegetativum und Nervensystem miteinbeziehen, bedeuten für das Kind eine gute, stabilisierende Vorbereitung für das Leben. Bewusstes Üben verschafft einen Zugang zum eigenen inneren Geschehen und zum Erkennen der eigenen Spannungsverhältnisse. Erst was man erkannt hat, kann auch verändert, sowie verbessert und weiterentwickelt werden.

In der Atempraxis bereitet es mir eine besondere Freude, Schulkinder und Jugendliche zu begleiten und zu beobachten. Die Ursache oder der Auslöser, weshalb diese jungen Menschen zu mir in den Unterricht kommen spielt dabei eine kleine Rolle. Ob es sich nun um den jungen Asthmatiker handelt, der im Schwimm- und Sportunterricht leistungsfähiger sein möchte, oder um das Schulkind mit Kopfschmerzen, Konzentrationsschwierigkeiten, Sprach- oder Schlafstörungen - es erstaunt mich immer wieder, wie schnell sie sich mit Hilfe des „Werkzeug-Atems" zum Positiven verändern. Sie gewinnen neben dem atemhygienischen Aspekt sichtlich an Selbstvertrauen, das sich wiederum auch in ihrer Haltung äussert.

Verschiedene Naturelle, nervliche Grundtypen

In der nervlich angelegten Grundspannung sind alle Menschen unterschiedlich disponiert. Übernimmt eines dieser Temperamente die "Führerrolle" wird ihr ursprüngliches Zusammenspiel gestört. So kann schon das eine Kind überaktiv, eher verkrampft oder nervös sein, während das andere als etwas schlaffer, uninteressierter Typ auffällt und ein drittes zu Angst und Unruhe neigt. Sowohl beim gesunden Kind als auch beim gesunden Erwachsenen sind jedoch Anteile von jedem dieser Grundspannungstypen vorhanden und stehen in einem ausgewogenem Verhältnis zueinander.

Das vegetative Nervensysten in Stress-Situationen

Das vegetative Nervensystem, auch autonomes Nervensystem genannt, reguliert alle lebensnotwendigen Funktionen wie Atmung, Kreislauf, Stoffwechsel, Verdauung und Sexualität und passt die Aktivitäten der Organe den jeweilig entsprechenden Situationen und Bedürfnissen an. Es arbeitet unwillkürlich und ganz selbsttätig.

Lange Zeit waren Mediziner der Ansicht, man könne das vegetative Nervensystem nur medikamentös beeinflussen. Erst durch Erfahrungen mit wirksamen Entspannungsmethoden konnte man deren psotitive Beeinflussung wissenschaftlich abgesichert nachweisen.

Es gibt eine enge wechselseitige Beziehung zwischen seelischen Prozessen und dem vegetativen Nervensystem. Jeder emotionale Zustand wie Freude, Ärger, Leid etc. löst eine fast gesetzmässige Reaktion der vegetativen Funktionen aus. Stress oder Erregungszustände können zum Beispiel eine Überproduktion der Schweissdrüsen auslösen; wir nennen es „Angstschweiss". Freude bringt uns zum Erröten, weil die Blutgefässe im Gesicht erweitert werden.

In Stress-Situationen ist die normalerweise harmonische Abstimmung der beiden Gegenspieler des vegeativen Nervensystems, Sympaticus (moblisiert notwendige Energien) und Parasympaticus (zuständig für Erholung und Aufbau) gestört; das Nervensystem stellt auf „Alarm" und es kann zu schädigenden Überproduktionen in den Organen kommen.

Wenn Menschen in der gleichen Stress-Situation oft sehr unterschiedlich reagieren, so kann der Grund für ihr Verhalten in der Erbanlage liegen.

Der *Sympatiko-Toniker* ist häufig angespannt, neigt zu Unruhe, Nervosität, Unbeherrschtheit und Gereiztheit. Er wird etwa bei einer Schreckensnachricht (akutem Stress) spontan hochspringen, sich verbal äussern und aktiv reagieren. Der *Vago-Toniker* wird diese Nachricht nach aussen gelassener hinnehmen und ruhig sitzenbleiben.Er reagiert auf Stress oft in Form von Benommenheit und Blutleere im Gehirn, ist anfälliger für Erkrankungen im Magen-Darmbereich.Beide Typen gibt es natürlich in allen Abstufungen und Mischformen. Stress wird erst gefährlich, wenn es zum Dauerstress kommt und die Organe keine Regenerationszeit mehr haben. Entscheidend ist bei allen Stress-Reaktionen die Fähigkeit, sich wieder entspannen und ausgleichen zu können.

Zu den Übungen

In meiner Atempraxis habe ich schon vielen Menschen helfen dürfen, ihre seelischen und körperlichen Probleme zu beheben und ihr inneres Gleichgewicht wieder zu erlangen. Selbstverständlich wird im Einzelunterricht, ganz individuell auf die Bedürfnisse eines Atemschülers eingegangen, was in einem Buch, wie dem vorliegenden, zu wenig berücksichtigt werden kann.

Diese Übungsreihen für die tägliche Anwendung stellen eine Ergänzung zum Individual- oder Gruppenunterricht dar.

Wenn Sie diese Arbeitsweise noch nicht kennen, ist es möglich, dass Sie anfangs beim Üben Unbehagen, Atembeklemmung, Schwindel oder andere unangenehme Empfindungen als "Nebenprodukt" des Atemtrainings verspüren. Solche Anzeichen eines entgleisten Atems lassen sich eben nicht auf Knopfdruck in die richtige Bahn führen.

Wenn diese Empfindungen aber auch nach mehrmaligem Üben immer noch vorhanden sind, ist es sicher sinnvoll einige einführende und korrigierende Atemstunden bei einer erfahrenen Fachperson zu nehmen.

Empirisch gesammelt sind die nachfolgenden 20 Übungsprogramme Vorschläge für ein regelmässiges Training, das im Allgemeinen von jedem Menschen - ob jung oder alt - durchgeführt werden kann.

Es sind Übungsfolgen, die mit auflockernden und entspannenden Übungen dem täglichen Wohlbefinden dienen und, wie bereits beschrieben, durchaus auch als Behandlung von körperlichen Defekten und Verspannungen geeignet sind.

Mit dieser Übungsweise können Sie sich innert kurzer Zeit erholen und Ausgleich schaffen. Als Richtwert empfehle ich deshalb die einzelnen Übungen drei- oder viermal (wo möglich auf jeder Körperseite) zu wiederholen und dann in Ruhe den Reaktionen nachzuspüren.

Selbstverständlich können Sie aber auch länger dranbleiben. Da jeder Mensch individuell auf innere und äussere Reize reagiert, möchte ich Sie auffordern, jedes Programm ein- oder mehrmals zu üben. Sie werden selbst feststellen, welche Übungsfolgen Ihnen das gewünschte Wohlbefinden bietet. Selbstveständlich können Sie zwei oder mehrere Programme kombinieren. Vielleicht bekommen Sie auch Lust aus diesen Übungen selbst verschiedene eigene Trainingsprogramme zusammenzustellen.

Daran denken wir beim Üben

Jede Übung mit tönender Phonation begleiten:
mit S, SCH, F, Zählen, Singen etc.

Nach jeder Übung "schnuppern", sich strecken, dehnen,
gähnen und räkeln

Pause einschalten, Reaktionen des Körpers beobachten

Beispiel Atemrhythmus: 3:1 =
Drei Bewegungen lang ausatmen,
während der vierten Bewegung einatmen etc.

Jede Übung drei- oder viermal wiederholen.

Nacheinander beide Körperseiten bewegen.

Klopfen Sie mit lockeren Fäusten von allen Seiten auf Ihren Brustkorb: Von vorne, oben und hinten. Summen Sie dazu oder singen Sie laut verschiedene Vokale: " A .... O .... U ...."

Mit dem Verklingen des Tones lassen Sie Ihre Arme einfach hängen - Einatmung geschehen lassen und stöhnen.

Klopfen Sie fortlaufend mit lockeren Fäusten auf Brust, Nacken und oberen Rücken.
Bewegen Sie dabei Ihre Arme weit und ausholend.
Atemrhythmus 5 : 1 oder 7 : 1 oder ein Lied summen, z.B. "ein Männlein steht im Walde ..."
(Der Mund bleibt geschlossen)
Variante: Gleichzeitig Fersen anheben und locker fallen lassen.

Mit den Fingern um die Augen herum summend klöpfeln. Während der Einatmung lassen Sie Ihre Hände ruhen. (Das "innere Spürauge" geht in die Zwerchfellgegend).

Variante: Über die Kiefergelenke klöpfeln mit "Brh ..." und dabei den Unterkiefer "doof" hängen lassen.

Streichen Sie nacheinander beide Ohrmuscheln kräftig aus bis diese sich wohlig warm anfühlen.

Danach legen sie sich beide Hände flach über die Ohren. Bei geschlossenem Mund plustern Sie Ihre Wangen mit einem „W..." auf - Dann: Mit „W...aa..." lassen Sie den Ton mit weit geöffnetem Mund entweichen und öffen gleichzeitig die Ohren

Das eine Nasenloch zuhalten während die andere Nasenhälfte mit dem Mittel- oder Zeigefinger der anderen Hand summend geklöpfelt wird.
Für die Einatmung wandert die "klöpfelnde Hand" frühzeitig zum Bauch, um die Einatembewegung zu spüren.

Selbstmassage des Nackens: Mit den Fingerspitzen (Schultern ganz locker lassen) der Halswirbelsäule entlang kräftig kreisend nach unten massieren und vom Nacken her nach vorne unter die Schlüsselbeine ausstreichen.

Die Regenbogenform:
Der rechte Arm ruht auf dem Oberschenkel. Ausatmend den anderen Arm über den Kopf dehnen und mit Einsatz des Fussdruckes den Rumpf dreimal zur Seite federn und sich wieder mit Fussdruck aufrichten.
Geben Sie mit dem Oberkörper elastisch nach ... einatmen ... stöhnen ...

Wie oben: den Ellbogen aber, weit ausholend, auf das Gegenknie tupfen.
Variante: Die vorgehende Übung mit diesem Element verbinden und Ausatmung dabei verlängern (es ergibt sich bei fortlaufendem Üben der Atemrhythmus 7 : 1).

Die Hände werden über dem Gesäss gefaltet. Neigen Sie den geraden Oberkörper vor, indem Sie die Hüfte mitnehmen (der Rücken bleibt gerade) und lassen Sie sich vom "Fussdruck" wieder aufrichten (der Rücken wird runder) während der Atem einströmt.
Variante: Mit breit aufgestellten Beinen: Sich während einer Ausatmung zur Mitte, über das rechte, dann über das linke Bein neigen und nochmals zur Mitte vorneigen.
(Die Bewegungen passen sich der Atemfähigkeit an).

Ausatmend "SCH ..." mit lockeren Fäusten vorne auf den Brustkorb klopfen - Arme fallen lassen und mit einem Kniestoss beide Fäuste von unten auf den oberen Rücken werfen. (Wenn die Arme unten sind, sind auch die Knie gebeugt !)
Atemrhythmus 3 : 1, 5 : 1 oder 7 : 1

Schwingen Sie Ihre Arme gegensinnig nach vorne und nach hinten und klopfen Sie sich jeweils gleichzeitig mit Kniestoss auf den oberen Rücken von vorne und von hinten.
Atemrhythmus: 3 : 1, 5 : 1 oder 7 : 1

"SCH ..." Arme im Wechsel beugen und strecken (Das Gewicht jeweils auf diejenige Seite verlagern wo die Hand auf die Schulter klopft).
Atemrhythmus: 3 : 1 oder dazu rufen: "Hip - Hop - Flop ..." - in der vierten Bewegung Luft einströmen lassen etc. .

Beine breit und Knie beugen. (Das Steissbein soll weder nach hinten noch nach vorne gedrückt werden). Rechte Hand auf linken Unterschenkel legen während man ausatmend den linken Arm über dem Kopf dreimal federnd dehnt und für die Einatmung auch in dieser Dehnung verweilt.

Knie beugen und Oberkörper, Kopf und Arme locker hängen lassen. Etwas nachwippen. Stöhnen. Ausatmendwieder Wirbel um Wirbel aufrichten. Gesäss anspannen und Beine langsam strecken).

Massage der Fussohlen:
Ausgangsstellung: Rechten Fuss auf Zehenballen stellen. Mit guter Fussarbeit abrollen und das Gewicht verlagern. (Massage der Fussohlen). Sich auf rechtem Bein "verankern" und links das Knie zur Hand hochführen. Gleichzeitig den rechten Arm hochdehnen und sich "sehr sicher geben".
Rhythmus: z.B. Ausatmend beim 3. oder 5. Mal abrollen - Knie hochnehmen und in der Gleichgewichtshaltung einatmen. (Mit einer ungeraden Zahl wechselt das Standbein jedesmal).

Variante: Abrollen - dann das rechte Knie vor dem Körper kreuzen und mit der Gegenhand halten. So kann der rechte Arm nach oben und hinten gedehnt werden und es weitet den Brustkorb.

Das Gewicht liegt auf dem gebeugten Bein, während das andere Bein gedehnt wird: nach hinten, gekreuzt und zur Seite. (Fuss auf Zehenballen stellen und mit der Ferse zum Boden wippen).

Beine breit: Ausatmend in Kauerstellung gehen. Füsse möglichst nahe dem Gesäss. Stöhnen.

Hände bleiben am Boden, das Gesäss wird hochgestreckt. Dann mit "SCH ..." abwechselnd, der Kondition entsprechend, Beine strecken während der Oberkörper mit dem Kopf ganz locker abgehängt wird. Zuerst jedes Bein gesondert nehmen - dann beide zusammen.

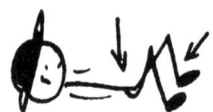

Beide Beine sind aufgestellt. Mit "SCH ..." Bauchdek-ke sinken lassen und einfach zulassen, dass die Einat-mung von alleine geschieht.
Variante: Ausatmend Bauchdecke sinken lassen und mit dem Fussdruckes auch das Kreuz entspannt sinken las-sen. (Gesäss bleibt entspannt).

Rückenlage: Das linke Bein ist aufgestellt und stützt das Kreuz. Nehmen Sie während der Ausatmung ge-mütlich das rechte Knie hoch und tippen Sie es mit der rechten Hand an; gleichzeitig heben Sie auch Kopf und Schultern und legen Sie sich dann wieder hin. Stellen Sie Ihr Bein zurück und lassen Sie es einfach rutschen. Einatmen - stöhnen !

Rückenlage: Beine sind breit aufgestellt. Hände stüt-zen den Nacken. Ausatmend die Bauchdecke und mit Fussdruck das Kreuz sinken lassen - Kopf und Schul-tern hochnehmen und wieder zurückliegen. (Je nach Vorliebe die Hände im Nacken) Die Bewegung wieder dem Atemvermögen anpassen.

Rückenlage: Mit "A - O - U ... " Tönen die Arme und Beine zur Decke ausschütteln. Nacheinander wieder fallen lassen, zurückstellen und Beine hintereinander rutschen lassen. Wirkung geniessen !

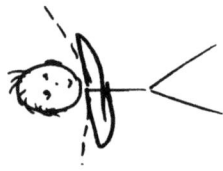

Rückenlage: Arme in Schulterhöhe seitlich ausgelegt. Ausatmend die Arme weit kreuzen (sich selbst umar-men), dann über den Körper zurückgleiten lassen und Unterarme zur Seite zurückfallen lassen.
Variante 1: Während einer Ausatmung beide Arme zu-erst neben den Körper, dann nach oben ablegen und wieder mit der Umarmbewegung abschliessen.
Variante 2: Diese Bewegung während einer Ausatmung zwei- oder dreimal ausführen.

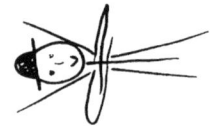

Rückenlage: Arme in Schulterhöhe beidseits auf den Boden legen und Beine breit aufstellen. Klatschen Sie mit der rechten Hand auf Ihre linke. Geben Sie dabei mit dem rechten Fuss so viel Halt, dass sich die Hüfte kaum mitbewegt. Die rechte Hand lassen Sie einfach über Ihre Brust zurückgleiten in die Ausgangsstellung (Schwergewicht des Körpers wirken lassen).
Einatmen - stöhnen !

Die Arme sind schräg nach oben abgelegt.
Linkes Knie zur Brust ziehen und dann auf der rechten Seite auf den Boden legen. Der Körper geht nur soweit mit, wie es die Beweglichkeit nötig macht, d.h. die Schultern bleiben möglichst am Boden! Das linke Bein neben das andere ausstrecken, sodass man zuletzt wie von alleine wieder in die Rückenlage zurückschwingt (durch das Gewicht des Körpers).

Rückenlage: Rechtes Bein bleibt aufgestellt und stützt das Kreuz. Linkes Bein zuerst zur Brust anwinkeln, dann ganz durchstrecken (gute Dehnung in der Kniekehle). Legen Sie das gestreckte Bein langsam wieder auf den Boden zurück und singen Sie drei absenkende Töne "U - U - u ..." dazu.

Seitenlage: Ausatmend: "SCH ..." mit dem oberen Arm einen Halbkreis über dem Kopf zeichnen. Die Hand bleibt immer am Boden. Jeweils drei Bewegungen während einer Ausatmung - in der jeweiligen Stellung verweilen und dem Atem nachspüren - mehrmals stöhnen (Man kann die Einatmung einmal mehr im vorderen Brustraum spüren, dann wieder im Rücken).

Klopfen Sie mit kräftigem "Gorilla - A ... Ton" locker mit beiden Fäusten auf Ihren Brustkorb. Wenn der Ton verklingt, lassen Sie die Arme fallen - spüren Sie der Einatmung und den Reaktionen in der Körpermitte nach.

Werfen Sie einen Arm locker schüttelnd nach vorne, vor dem Körper zur anderen Seite, auf der Armseite nach aussen und zur Decke. Lassen Sie die Hand auf die Schulter und dann ganz fallen.
Dabei Atmung und Bewegung aufeinander abstimmen, d.h. Sie versuchen den ganzen Bewegungsablauf in eine Ausatmung mit "SCH ..." legen.

Beine hüftbreit: Ausatmend den rechten Arm nach vorne schwingen, mit dem Ellbogen auf das rechte Knie tupfen und sich dann mit Fussdruck wieder aufrichten lassen. Dabei die lockere Faust grosszügig auf die rechte Schulter werfen, dann ganz fallen lassen. (Beim Vorschwingen auch den Kopf mitschwingen lassen !)
Variante: Mit beiden Armen gleichzeitig bewegen.

Beine sind breit aufgestellt. Ausatmend wieder den rechten Arm nach vorne schwingen und mit dem Ellbogen auf das rechte, dann auch auf das linke Knie tupfen und den Arm vor den Knien seitlich hinaufschwingen, sodass die Hand automatisch auf der rechten Schulter landet. (Fussdruck einsetzen).
Die Hand dann fallen lassen - einatmen - stöhnen !

Ausatmend das Bein dreimal etwas hochnehmen und wieder fallen lassen. (Lockere Scharrbewegungen machen - Sie können sich z. B. mit dem Standbein auf ein grosses, dickes Buch stellen).
Mit "SCH ..." die Füsse sehr bewusst an Ort abrollen, wobei das Gewicht jeweils im Zehenstand von dem einen auf das andere Bein übertragen wird. (Fussmassage).
Atemrhythmus: 5 : 1 oder 7 : 1

Klopfen Sie mit flachen Händen und frei beweglichen Handgelenken den unteren Brustkorb rundum undsprechen Sie dazu: "Dibidäbi, Dibidäbi..).(Während des Sprechens umhergehen, die Einatmung stehend zulassen). Sprechen Sie leise, laut, zaghaft oder forsch etc. ... und vergleichen Sie die Auswirkungen auf Ihren Atem..

Mit den Mittelfingern kreisend die Grübchengegend hinter den Nasenflügeln massieren. Während der Einatmung die Luftqualität wahrnehmen: Temperatur, Feuchtigkeit, Luftwiderstand, Geruch etc. ...

Ein Nasenloch zuhalten, das andere Summend beklöpfeln. Die klopfende Hand wandert während der Einatmung in die Bauchnabelgegend und legt sich auf die Atembewegung in der Körpermitte.

Neigen Sie sich drei "U - u - u ..." Töne singend mit dem Becken nach vorne (der Rücken bleibt gerade) bis der Oberkörper auf den Oberschenkeln liegt (beide Hände gleiten den Beinen entlang). Kopf, Schultern und Arme einfach hängen lassen und zwei- oder dreimal stöhnen. Ausatmend mit "Sch ..." Fussdruck verstärken und sich von unten her wieder aufrichten.

Fussdruck gebrauchen:
Stampfen Sie mit beiden Füssen abwechselnd auf den Boden und rufen Sie kräftig dazu: „Stampf ...". Lassen Sie es zwischen den Rufen frei und tief einatmen. Wählen Sie verschiedene Ruf-Rhythmen, z.B. kurz-kurz-lang-lang- einatmen.

Nehmen Sie beide Arme seitlich hoch und lassen Sie die Unterarme auf die Taille fallen (stellen Sie sich vor, Ihre Ellbogen wären an einem Faden angebunden, der plötzlich durchgeschnitten wird). Munkeln Sie dazu bei geschlossenem Mund eine Melodie: z.B. "ein Männlein steht im Walde ..."
Variante: Gleichzeitig mit dem Füssen zur Seite wippen (jeweils mit lockeren Fussgelenken die Fersen hochfedern und wieder fallen lassen).

Weit ausholend Ellbogen seitlich drei Mal auf das Knie tippen und sich mit Fussdruck wieder "rund" aufrichten lassen. Einatmen - stöhnen"!
Variante: Mit der Hüfte den Oberkörper gerade vorneigen und sich mit "Fussdruck" wieder rund "aufrichten lassen".

In rhythmischem Wechsel das Bein strecken und die Ferse zum Boden tippen. Dann das Bein beugen und mit den Zehenballen auf dem Boden abfedern. Atemrhythmus: 3 : 1 oder 5 : 1 (Hier passt z.B. auch das Lied "Mon Papa ne veut pas que je danse ...)

Arme schräg hochnehmen und gleichzeitig im Wechsel eine Faust auf die Schulter fallen lassen und den anderen Arm strecken. Atemrhythmus: 3 : 1, oder dazu rufen: "Pitsch - Patsch - Putsch ..."

Lassen Sie den Kopf schwer zur Brust hängen und richten Sie sich mit Fussdruck wieder auf. Variante: Mit Verlagern des Fussdruckes von rechts nach links lassen Sie Ihren Kopf hin und her pendeln. Achten Sie darauf, dass Sie den Kopf gegen die Brust gerichtet halten.

Ausatmend Arme einzeln seitlich hochdehnen ... Handrükken aufeinander legen - einatmen. Ausatmend die Arme wieder senken.
Variante: Arme zusammen hochnehmen und senken.

Mit den Fingerspitzen summend über das untere Drittel des Brustbeines klopfen. Nachspüren. Dann mit verschränkten Fingerspitzen vibrierend massieren (legen Sie zuerst die Handrücken aufeinander und richten Sie dann die Fingerspitzen gegen des Brustbein). Summen Sie eine Fantasiemelodie mit "O ..." oder anderen Vokalen : "U ... E ... A ..."

Mit flachen Händen den ganzen Kopf "täscheln", Melodie mit "Hi- Hi ..." singen. (Schultern sind entspannt).
Variante: Dito, dabei Melodie mit "He - He ... Ho - Ho ... Hu - Hu ..." etc. singen und evt. gleichzeitig mit den Fersen wippen.
(z.B. "Fuchs, Du hast die Gans gestohlen ...")

Beide Arme gegensinnig 4 Mal bewegen und dehnen (Atemrhythmus 3 : 1). Danach mit gebeugten Knien den Oberkörper gerade nach vorne neigen (wie einen Tisch) und abwechselnd beide Arme einzeln und zusammen aus freien Schultern hochdehnen und gleichzeitig in den Knien strecken und wieder nachgeben. (Kräftigung des oberen Rückens). Wieder Knie beugen und Arme, Schultern und Kopf hängen lassen. Stöhnen !

Verlagern Sie Ihr Gewicht von einem Bein auf das andere. Rollen Sie dabei die Füsse sehr sorgfältig über die Sohlen ab und wechseln Sie im Zehenstand das Gewicht.

Stellen Sie Ihre Füsse etwa eine Fusslänge auseinander und suchen Sie bei gestreckten Beinen (Knie aber nicht durchdrücken!) die Grenzen Ihres Gleichgewichtes in alle Richtungen. Atem fliessen lassen.

Mit Knie über Kreuz beginnend, das Bein 4 mal vor dem Standbein zur Seite und wieder zur Mitte schwingen. (Fallenlassen betonen). Dito. mit anderem Bein. (Atemrhythmus: 3 : 1).

Arme im Wechsel 4 mal federnd hochdehnen (Atemrhythmus: 3 : 1). Dann: Mit gebeugten Knien den Oberkörper hängen lassen und sich rund (Gesässmuskeln und Beckenboden anspannen) wieder von unten her (durch das Strecken der Beine) aufrichten lassen.

Beide Arme 4 Mal locker um Taille / Hüfte schwingen - dann beide Hände zusammen mit einem Kniestoss auf die gleiche Schulter einmal links, dann rechts werfen (wie einen Sandsack), auch 4 mal. (Atemrhythmus: 3 : 1 oder 7 : 1)
(Wenn Ihre Hände während der Einatmung auf der linken Schulter liegen, beginnen Sie mit dem Schwung um die linke Hüfte - so werden beide Seiten gleichwertig gedehnt.)

Schütteln - rütteln - kreisen:
Ausatmend das Bein am Boden abklatschen, dann wegschütteln, dann kreisendaus der Hüfte heraus fein vibrierend schütteln - jedes Bein dreimal.

Fliessende Bewegungsfolge: Gewicht rechts: rechter Handrücken massiert die Flanke grosszügig streichend nach oben auslaufend ...
Gewicht links: Mit dem rechten Ellbogen in die Taille tupfen ...
Gewicht rechts: Den rechten Arm weit über den Kopf dehnen ...

"Sch ..." Bein ausdrehen und gestreckt auf Fersen tippen (mit dem Standbein federnd wippen), dann das Bein eindrehen (Knie gegen Knie) und wieder ausdrehen - etwas verweilen und den Atem in dieser Stellung einströmen lassen. Nach jeder Abfolge die Beinarbeit wechseln.

Gleichzeitig Fäuste kurz und kräftig ballen und die Arme mit gebeugten Ellbogen zurückdehnen (Sich so wichtig nehmen, dass es in der Brust ganz weit wird ! Mit jedem Faustschluss sprechen Sie: "FT ..." dann die Faust sofort wieder entspannen.
Variante: Gleichzeitig mit den Fersen wippen.

Über Kreuz kommen sich die rechte Hand und das linkes Knie entgegen. Die Hand klatscht kräftig auf die linke Gesässhälfte. Jedesmal Arme und Beine austauschen.

Ausatmend über Kreuz Knie und Ellbogen zusammenbringen, wobei man sich gut auf dem Standbein abstützt. Der Rücken bleibt gerade und gibt sich elastisch in diese Schraubbewegung hinein (Es sollen die Bauchmuskeln zu spüren sein).

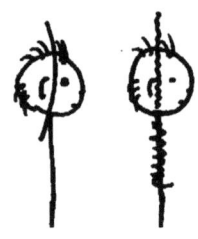

Ausatmend einen Arm hochdehnen und dreimal aus der Schulter heraus federnd zurückdehnen - Die Hand zuerst auf die Schulter fallen lassen (grössere Entspannung), dann den Arm ganz fallen lassen.
Variante: Gleichzeitig beide Arme bewegen.

Locker, aber mit weit ausholenden Bewegungen die rechte Hand über Kreuz auf die linke Schulter, dann auf die rechte Schulter werfen. Einatmen - stöhnen.
Variante: Fortlaufend mit einer Hand üben: Atemrhythumus: 3 : 1
Variante: Fortlaufend mit beiden Armen nacheinander üben: Atemrhythmus 7 : 1

Mit weiten Armbewegungen und lockeren Fäusten auf den Brustkorb klopfen: Von vorne, oben und von hinten. Fortlaufend mit Atemrhytmus: 7 : 1

Variante: Hier eignet sich auch z.B. die Melodie von "Ein Männlein steht im Walde ..."

Mit den Füsse wippen = Fersen anheben und fallen lassen. (Munkeln oder Melodie wie oben summen).

Variante: Ellbogen wie von Fäden gezogen seitlich hochnehmen und Unterarme auf Taille fallen lassen. (Munkeln oder Melodie summen).

Variante: Gleichzeitig mit den Füssen wippend die Beine spreizen und wieder zusammenführen.

Ausatmend Fussdruck beidseitig einsetzen, dann links verstärken und gleichzeitig linken Ellenbogen und rechtes Knie diagonal zusammenführen. (Es wird eine Schraubbewegung in der Körpermitte spürbar, wenn der Rücken gerade bleibt) - wieder in Ausgangsstellung zurückgehen und in Ruhe einatmen. Dann fortlaufend: 2 Bewegungen lang ausatmen und während der dritten die Luft einströmen lassen.

Variante: (gute Koordinationsübung !) Ausatmend, mit guter Fussdruckarbeit über Kreuz 4 mal rechten Ellbogen und linkes Knie zusammenbringen und gleichzeitig mit der linken Faust locker auf den oberen Rücken klopfen - in Ruhe einatmen. Dann fortlaufend bewegen mit Atemrhythmus: 3 : 1, evtl. 7 : 1

Drei absenkende "U ..." Töne singend den Oberkörper vorneigen und auf den Oberschenkeln ablegen. Die Hände gleiten den Beinen entlang. Arme, Schultern und Kopf einfach abhängen lassen und 2 oder 3 mal stöhnen. Ausatmend mit Fussdruckhilfe die Wirbelsäule wieder langsam und bewusst einzelne Wirbel spürend, aufrichten.

Arme über dem Kopf verschränken. Den Oberkörper (inklusive die Hüfte) gerade vorneigen und auf die Oberschenkel ablegen und hängen lassen - stöhnen - mit Fussdruckhilfe den Oberköper mit geradem Rücken hochziehen und nach links aufdrehen (linker Ellbogen zeigt zur Decke) und wieder zur Mitte hängen lassen. Dito. auf andere Seite.

Während der Anstrengung ausatmen - in der Mitte oder beim Ausharren in der "Seitöffnung" einatmen.

Beide Beine sind aufgestellt.
Ausatmend senkt sich die Bauchdecke von alleine. Lassen Sie mit Fussdruck auch Ihr Kreuz sinken - Fussdruck wieder lösen wenn der Atem einströmt.

Während einer Ausatmung: Fussdruck einsetzen ... Gesäss-muskeln anspannen ... Hüfte in die "kleine Brücke" hoch-nehmen ... Wirbelsäule von den Brustwirbeln her sorgfältig wieder zurücklegen.
Variante: In der Brücke verweilen und den Atem fliessen lassen.
Variante: Wenn Sie in der kleinen Brücke sind legen Sie gemütlich Ihre Arme nach hinten - dann wieder neben den Körper zurück - Die Wirbelsäule von oben her ganz be-wusst zurücklegen.

Rechtes Bein ist aufgestellt und stützt das Kreuz.
Linkes Knie zuerst zur Brust beugen, dann das Bein zur Decke strecken (nur so weit, dass man das Knie gestreckt halten kann). Drei absenkende "U ..." Töne singend das gestreckte Bein senken (Atmung und Bewegung aufeinander abstim-men !). Die Muskelspannung erst lösen, wenn das Bein wie-der liegt).

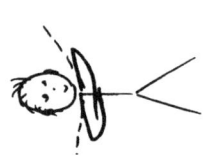

Rückenlage. Beide Arme sind in Schulterhöhe seitlich aus-gelegt.
Ausatmend kreuzen sich die Arme weit (sich selbst umar-men), dann gleiten sie über den Körper zurück und die Un-terarme werden einfach seitlich fallen gelassen.

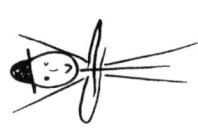

Variante 1: Während einer Ausatmung beide Arme zuerst neben den Körper, dann nach oben ablegen und wieder mit der Umarmbewegung abschliessen.
Variante 2: Die ganze Bewegung während einer Ausatmung 2 oder 3 Mal durchführen.

Dehnen Sie Ihren Arm nach vorne oben und federn Sie ihn dreimal zurück.
Dann lassen Sie zuerst die Hand auf Ihre Schulter, und danach den ganzen Arm fallen.
(Gebrauchen Sie Ihren "Fussdruck" als Haltestütze gegen ein Hohlkreuz !)
Atemrythmus: 3 : 1
Variante: Mit beiden Armen gleichzeitig.

Zur Kräftigung der Atemmuskeln:
Den geschlossenen Mund nach vorne zuspitzen und ein paarmal durch die Nase schnuppernd einatmen (an einer Rose riechen !) - stöhnen, ohne den Oberkörper nach vorne einsinken zu lassen.

Die linke Hand ruht auf dem linken Oberschenkel.
Ausatmend den rechten Arm über den Kopf dehnen und zwei- oder dreimal zur Seite federn.
Mit Hilfe des "Fussdruckes" sich wieder aufrichten lassen und einatmen.

Ausatmend den Ellenbogen in weiter Bewegung dreimal auf das Gegenknie tupfen und sich wieder mit "Fussdruck" aufrichten lassen und einatmen.
Variante: Während einer Ausatmung diese beiden Übungselemente verbinden = zuerst seitlich zweimal dehnen, dann über Kreuz dreimal auf das Knie tupfen. Fussdruck richtet auf - einatmen... Atemrhytmus: 5 : 1

Strecken Sie hemmungslos Ihre Zunge weit heraus mit lautem :"Bäähh ..." und versuchen Sie mit der Zungenspitze das Kinn zu erreichen.

Massieren Sie ganz leicht die Grübchengegend hinter den Nasenflügeln. Während der Einatmung lassen Sie die Finger in den Grübchen liegen und nehmen Sie die Luftqualität wahr: Temperatur, Feuchtigkeit, Düfte etc..

Mit den Fingern entlang der Nase von der Wurzel zu den Flügel hin summend klöpfeln. Während der Einatmung die Finger wieder in den Grübchen liegen lassen und den Luftweg in Ruhe beobachten.

Zur Nasenreinigung:
Das eine Nasenloch zuhalten. Durch das andere Nasenloch schnaubend mit Fussdruckhilfe ausatmen und gleichzeitig den Bauch einziehen und sofort wieder schnellen lassen. (Der Bustkorb darf dabei nicht nach vorne einsinken)

Die Finger der einen Hand verschliessen während der ganzen Übung ein Nasenloch.
Klöpfeln Sie mit der anderen Hand summend auf die Aussenwand des offenen Nasenlochs und legen Sie diese Hand während der Einatmung auf Ihren Bauch, um die Atembewegung besser wahrnehmen zu können.

Mit dem Mittel- oder Zeigefinger kräftig nach aussen rotierend vom Grübchen zur Oberlippe hinunter massieren.
(Diese kleine Übung ist sehr hilfreich, wenn die Nase am Morgen verstopft ist)

Zur Entstauung und Reinigung:
Klöpfeln Sie Ihr ganzes Gesicht mit lockeren Fingern.
Arbeiten Sie von der Mitte nach aussen. Anschliessend mit
kräftigen Fingern ein paar Mal von den Schläfen, den Ohren
entlang, zum Schlüsselbein streichen.

Mit den Fingern kleine kreisende Bewegungen ausführen und
von der Nasenwurzel (zwischen den Augen) über die Au-
genbrauen zu den Schläfen massieren und wieder den Ohren
entlang zu den Schlüsselbeinen ausstreichen. Dito. über das
Jochbein, d.h. den Knochen unter den Augen, und ebenfalls
vor den Ohren nach unten ausstreichen.

Ausgleich der Spannungsverhältnisse:
Mit beiden Daumen die Nasenlöcher von unten fast verschliessen. Das "Stupfen" der beiden Daumen zusammen mit
einem tiefen brummenden Summton "mm ..." soll den ganzen Kopf "vibrieren" lassen.

Stenose ohne Hilfe der Hände:
Den geschlossenen Mund nach vorne zuspitzen und ein paar-
mal durch die Nase schnuppernd einatmen (wie z.B. an einer
Rose riechen) und stöhnen.
Stöhnen = Innerliches Nachgeben, wobei der Brustkorb nicht
nach vorne sinken soll.

Sich sammeln können:
Atmen Sie mit weichem "SCH ...", "S ..." oder bei geschlossenem Mund summend aus, und versuchen Sie die Einatmung passiv durch die Nase geschehen zu lassen.

Schnuppern Sie mit 3 - 4 Schupperstösschen etwas Luft ein (Vorstellung einer Duftrose), und spüren Sie gleichzeitig Ihre Bauchbewegung und Ihr "lachendes Zwerchfell" - danach stöhnen!

Mit "SCH ..." ausatmend den Bauch nach hinten oben einziehen und gleichzeitig mit der einsetzenden Atmung wieder schnellen lassen - Stöhnen !

Mit leichten Fingern die Nase fein massieren und die Aufmerksamkeit auf die Atembewegung im Bauchraum lenken.

Nase summend klöpfeln und Finger während der Einatmung auf den Nasengrübchen liegen lassen.(Achten Sie auf die Bauchweitung durch die Atembewegung).

Im geschlossenen Mund mit der Zunge jeden Zahn von allen möglichen Seiten gründlich putzen. Dann die Zunge nach oben hinten gegen den Rachen dehnen. (löst vertiefte Atmung aus).

Sprechen Sie laut mehrere gut artikulierte: "à à à à ..."
staccato. Stellen Sie sich vor, dass Sie diese Buchstaben dem
oberen hinteren Rachen "zuwerfen".
(bis Sie gähnen können !)
Variante: Die gleiche Übung kann in Gedanken ausgeführt
werden.

Einem richtigen oder imaginären Partner ein kräftiges "xt xt
xt ..." oder "ft ft ft ..." zuschicken und zwischendurch jedesmal auf die Atemreaktion achten.

Während einer Ausatmung durch die Lippenbremse jeweils
eine Schulter hochziehen und während der Einatmung wieder ganz locker lassen. Zwischen den einzelnen An-
spannungsphasen ein paar Atemzüge lang aufmerksam die
Reaktion der Schulterpartie beobachten.
Variante: Diese Übung kann mit jeder Muskelpartie gemacht
werden (z.B. Gesässmuskeln, Bauchmuskeln, Fäuste ballen,
Zehen krallen).

Drücken Sie mit lautem „SCH...." ausatmend die verschränkten Handrücken und die Stirn kraftvoll gegeneinander.
Varianten: Hände an den Hinterkopf oder auch seitlich anlegen.

Freie und tiefe Atmung wird auch im unteren Rücken spürbar: Setzen Sie sich bequem hin. Legen Sie beide Handrükken in Ihre Kreuzgegend und spüren Sie der Atembewegung
von innen und aussen in Ruhe nach.
(Schultern bleiben entspannt).

Schütteln Sie auf der rechten Körperseite Ihren Arm und Ihr Bein nacheinander kräftig und zugleich locker aus.

Lassen Sie den Atem mit einem weichen "SCH ..." dazu verströmen oder mit "Mmmm ...." und atmen Sie jeweils durch die Nase ein.

Vergleichen Sie danach Ihre Empfindungen bevor Sie auch die Glieder auf der linken Seite behandeln.

Mit weichen Lippen lassen Sie den Unterkiefer richtig "doof" hängen. Klöpfeln Sie leicht mit allen Fingern über die Kiefergelenke. Durch das gesprochene "Brrh ..." wird die Muskulatur entspannt.

Sprechen Sie laut und deutlich: "i-ü-i-ü-i-ü ..."
(beim letzten "ü" den Mund verschliessen und schnuppernd einatmen - stöhnen !

Man arbeitet mit der Vorstellung, dass der ganze Mund ausgefüllt ist mit einem grossen, weichen Brötchen oder mit einer weichen Kartoffel oder Frucht (z.B. einer Kiwi, Orange, Banane etc. ...) und macht summend entsprechend grosse Kaubewegungen. Der Mund bleibt während dieser Übung geschlossen.

Ausatmend den Bauch aktiv einziehen (Richtung obere Wirbelsäule) und gleichzeitig mit der Einatmung wieder schnellen lassen. Nachatmen.

Hand so zur Faust zusammenpressen, dass der Daumen vor den anderen Fingern liegt - und wieder strecken. Dreimal dazu ein "ft, ft, ft ..." sprechen, (beim "f ..." Faust machen - mit dem " t ..." sofort wieder weit öffnen)...
dann "f ...." die Finger langsam schliessen und gleichzeitig mit der Einatmung die Finger wieder öffnen.

Ohrläppchen - ausgehend vom Gehörgang - austreichen (von oben nach unten arbeiten) bis die Ohrmuschel gut erwärmt und aufnahmefähiger ist. (Behandeln Sie Ihre Ohren nacheinander, damit Sie den Unterschied besser wahrnehmen können). Rollen Sie gleichzeitig mit den Augen und erforschen Sie Ihre Umgebung ohne den Kopf zu wenden.

Dann: Beide Hände fest über die Ohrmuscheln legen und ein "gefülltes" Whaa! Rufen = den Mundraum füllen mit dem "Wh ..." und mit dem ".. a" gleichzeitig Mund und Hände weit öffnen.

Sich kräftig dehnen und räkeln - dann mit gebeugten Knien den Oberkörper fallen lassen und zwei-, dreimal stöhnen (der Kreuzbereich wird entspannt und mit der Einatmung aufgeladen). Mit "SCH ..." Wirbel um Wirbel wieder aufrichten. (Die Knie langsam strecken während die Gesässmuskeln angespannt bleiben).

Finger in den Nasengrübchen anlegen und durch die Nase ein- und ausatmen. Aufmerksam die Bewegungen des Zwerchfells in der Körpermitte und die Bauchbewegungen beobachten.
Variante: dito., aber zwischendurch schnuppernd einatmen. (Das Zwerchfell zum Trampolin werden lassen).

Das ganze Gesicht summend mit allen Fingern leicht von der Mitte nach aussen klöpfeln.
Variante: Mit "Brrh ..." Über die Kiefergelenke klöpfeln und den Unterkiefer "doof hängen lassen".
Variante: Mit beiden Händen oder Fäusten den Körper von oben nach unten kräftig abklopfen.

Nase von der Wurzel zwischen den Augen zu den Nasenflügeln summend klöpfeln. Mund bleibt geschlossen. Für die Einatmung die Finger in den Grübchen liegen lassen und in den Bauch spüren.

Wie ein Gorilla mit den Fäusten locker auf den Brustkorb klopfen. Dazu mit kräftigem "Aa ..." den Atem gleichmässig verklingen lassen. Wenn der Ton ausklingt, die Arme fallen lassen und die Einatmung in der Körpermitte spüren.
Variante: Mit beiden Fäusten auch von unten auf den oberen Rücken klopfen.

Ein Lied singen oder summen. Dazu Brust - Schultern - Rücken abwechselnd mit lockeren Fäusten beklopfen. (z.B. mit den Liedern: "S'elf Uhr Glöcklein läutet schon ..." oder "Das Alte Haus von Rocky Docky ...").

"SCH ..." sich ganz lang machen und in diese Dehnung einatmen, dann wieder mit "SCH ..." sich in ein kleines Päcklein verwandeln, wobei die Füsse möglichst nahe zum Gesäss stehen - einatmen. 2, 3 Mal wiederholen.

Arme und Beine kräftig wegschütteln und dazu laut rufen:
"Ach wie gut, dass niemand weiss ..." (jetzt auch auf beiden
Füssen hopsen) „ ... dass ich Rumpelstilzchen heiss !"
Ruhig stehen und dem Atem nachspüren.
Mehrmals wiederholen und die ganze Energie hineinbringen.

Gute Zwerchfellarbeit:
Jeder Finger stellt eine brennende Kerze dar, die jetzt einzeln ganz sorgfältig ausgelöscht werden. Den Bauch einziehen beim kräftigen Blasen, sofort wieder schnellen lassen
und Einatmung geniessen !
Variante: Die ganze Hand stellt eine Wunderkerze dar, die
trotz kräftigem Ausblasen immer wieder neu brennt!

Mit flachen Händen den unteren Brustkorb (Zwerchfellgegend) beklopfen, dazu sprechen: "Dibidäbi, Dibidäbi .."")
Einatmung in Ruhe geniessen.

Mit beiden Händen den ganzen Kopf liebevoll tätscheln. (
Manche mögen etwas stärker klopfen, andere nur mit den
Fingerspitzen) Dazu eine Melodie singen, z.B. "Fuchs Du
hast die Gans gestohlen ..." mit "Hi,Hi ..... Ho,ho ......
He,he ......" etc.

Zungentraining = Sprechtraining
Mit einem innigen "Bäähh ..." wird die Zunge so weit
herausgetreckt wie es nur irgend geht. Versuchen Sie mit der
Zungenspitze das Kinn zu erreichen.

Während einer Ausatmung den Arm horizontal wegschütteln: nach vorne ... über die Brust - zur Seite - nach oben werfen - darauf die Hand zuerst auf die Schulter und dann ganz hinunter fallen lassen.
Einatmen. Stöhnen.
Variante: Mit beiden Armen gleichzeitig ...

Arme im Wechsel 4 Mal federnd hochdehnen (Atemrhythmus: 3 : 1).
Danach: Mit gebeugten Knien den Oberkörper hängen lassen und ein paar mal stöhnend ganz bewusst die Schultern und den Kopf hängen lassen.
Ausatmend die Gesäss anspannen und langsam die Beine strecken. Die Wirbelsäule wird von unten her aufgerollt.

Zur Entstauung und Reinigung:
Mit den Fingern das ganze Gesicht summend ganz locker beklöpfeln. Jeweils von der Mitte nach aussen arbeiten. Während der Atem einströmt ruhen die Hände. Danach zur Entlastung der Gefässe im Gesicht: Mit kräftigen Fingern ein paar Mal von den Schläfen, den Ohren entlang, zum Schlüsselbein streichen.

Zeigefinger auf Stirne abstützen und Mund geschlossen halten. Abwechselnd während einer Aus - und Einatmung mit Daumen oder Mittelfinger ein Nasenloch zuhalten.
Der Dauer der Ausatmung angepasst neigen Sie sich mit geradem Rücken nach vorn und lassen Sie den Oberkörper durch Fussdruck wieder reaktiv aufrichten.
Varianten: z.B. Wechsel nach drei Atemzügen / oder: drei zügige Bewegungen durchführen während einer Ausatmung.

Ohren wecken, wacher und ruhiger werden:
Vom Gehörgang ausgehend die Ohrläppchen von oben nach unten kräftig ausstreichen, bis die ganze Ohrmuschel erwärmt und aufnahmefähiger wird.
Gleichzeitig mit den Augen rollend deren Grenzen erforschen.

Kräftigung der Atemmuskeln:
Den geschlossenen Mund nach vorne zuspitzen und ein paarmal durch die Nase schnuppernd einatmen (wie z.B. an einer Rose riechen) und stöhnen.
Stöhnen = Innerlich nachgeben, wobei der Brustkorb nicht nach vorne sinken soll.

Für die Konzentration:
Bei einer Hand die Finger strecken, gleichzeitig die Finger der anderen Hand beugen und eine starke Faust machen.
Atemrhythmus: 3 : 1 oder 5 : 1
Variante: dito. mit Füssen und Händen auf der gleichen Seite zusammen spannen und lösen.
Variante: Mit Händen und Füssen diagonal arbeiten.

Diese Übung kann auch sitzend durchgeführt werden
Weite gewinnen:
Die linke Hand liegt auf rechtem Oberschenkel.
Ausatmend mit gebeugten Knien wippen und dabei den rechten Arm über dem Kopf dehnen.
Mit Fussdruck den Oberkörper wieder aufrichten
und einatmen.

"SCH ..." mit lockeren Fäusten vorne auf den Brustkorb klopfen - Arme fallen lassen und mit einem Kniestoss beide Fäuste von unten auf den Rücken werfen.
(Wenn die Arme unten sind, sind auch Knie gebeugt !)
Atemrhythmus 3 : 1, 5 : 1 oder 7 : 1

Über Kreuz kommen sich die rechte Hand und das linke Knie entgegen. Die Hand klatscht kräftig und humorvoll auf die linke Poseite.
Jedesmal Standbein und Schwungseite wechseln.

Sich kräftig dehnen und räkeln und dann mit gebeugten Knien den Oberkörper fallen lassen.
Zwei-, oder dreimal in dieser Stellung stöhnen (die Atembewegung dehnt und entlastet die Kreuzgegend).
Mit "SCH ..." Wirbel um Wirbel wieder aufrichten.

Zur Entstauung und Reinigung:
Mit den Fingern das ganze Gesicht summend ganz locker beklöpfeln. Jeweils von der Mitte nach aussen arbeiten. Dann zur Entsorgung und Entlastung mit kräftigen Fingern ein paar Mal von den Schläfen, den Ohren entlang, zum Schlüsselbein streichen.

Mit kräftigem Fingerdruck entlang der Wirbelsäule die Muskulatur von oben zum Nacken kreisend massieren und dann zu den Schlüsselbeinen ausstreichen. (Unterstützen von Venen- und Lymphfluss)

Mit den Fingern um die Augen herum mit kleinen Kreisen massieren, wobei die Bewegung nach aussen und nach unten betont wird. Zum Schluss ein paar ausstreichende Bewegungen über die Schläfen und den Ohren entlang bis zu den Schlüsselbeinen machen. (Das "innere Spürauge" geht während der Einatmung in die Zwerchfellgegend).

Bewegungsfolge:
Ausatmend beide Arme in Schulterhöhe gestreckt zur Seite federn und einmal nachwippen, dann zur anderen Seite. Danach beide Ellbogen seitlich zurückdehnen, sodass es den Brustkorb dehnt; nachwippen.
Beide Arme nach schräg oben dehnen und einatmen - Arme fallen lassen - stöhnen !

Gesicht, Kinn-, Brust und Halsbereich anspannen und lösen:
Augen, Lippen zukneifen und gleichzeitig Kinn zur Brust ziehen, Fäuste machen und Arme und Schultern nach vorne drücken (Rundrücken), gleichzeitig Halsmuskulatur fest anspannen.
(Atmen Sie mit kräftigem " Sch ..." oder "S ...." aus, damit Sie innerlich gelöst bleiben !!)

Entspannung für die Augen -
Balmieren für ein paar Minuten:
Beide Hande so über die geöffneten Augen legen, dass kein Lichtschimmer mehr durchdringen kann. Am besten finden Sie diese Position, wenn Sie zuerst die eine Handkante quer über den Ansatz der geschlossenen Finger der anderen Hand und dann beide Handteller über die Augen legen.

Klopfen Sie mit lockerer Faust abwechselnd auf die Schulter der Gegenseite und auf der gleichen Seite. Bewegen Sie Ihren Arm weit und ausholend dabei.
Atemrhythmus 3 : 1 oder 7 : 1
(Wechseln Sie bei dem längeren Rhythmus auch die Arme)

Bewegungsfolge:
Schwingen Sie Ihre Arme 4 mal um die Hüften, und werfen Sie dann mit einem Kniestoss beide Fäuste abwechseln auf beide Schultern (als müssten Sie eine schweren Sandsack schultern). Atemrhythmus 3 : 1 oder 7 : 1

Ausatmend: "SCH" Schultern nach hinten hochziehen und wieder fallen lassen.
Zuerst jede Schulter einzeln , dann beide gleichzeitig.

Mit kräftigem Fingerdruck die Muskulatur entlang der Wirbelsäule von oben zum Nacken kreisend massieren und dann zu den Schlüsselbeinen ausstreichen. (Unterstützen von Venen- und Lymphfluss)

Beide Hände am Hinterkopf anlegen. Ausatmend dem stossenden Kopf Widerstand bieten! Während der Einatmung Druck lösen !
dito. aber beide Hände mit Handrücken an der Stirne anlegen. dito. Die Hände auch seitlich über den Ohren anlegen.

Eine Hand stützt den Ellbogen des anderen Armes, die andere Hand packt die Nackenmuskulatur auf der Gegenseite, während man den Kopf ausatmend langsam zur Seite dreht. Der Blick gleitet mit langem Nacken dem Boden entlang. In dieser "Seitstellung" einatmen und wieder mit "SCH ..." den Kopf zurück und auch zur anderen Seite drehen.

Die rechte Hand über den Kopf an linkem Ohr anlegen und Ausatmend den Kopf sanft nach vorne links ziehen, sodass eine deutliche Dehnung im rechten Nackenmuskel spürbar wird. (nicht forcieren !) Einatmen und stöhnen.

Die Halswirbelsäule mit einer Hand oder beiden Händen kräftig umschliessen. Mit dem Kopf nicken oder verneinen. Diese Bewegungen gross anfangen und immer kleiner und feiner ausführen. Auch das Wort wirken lassen und dazu sprechen: "Ja, ja, ja - nein, nein, nein ..." etc.

Im Wechsel: Ausatmend Ellbogen in weitem Bogen aufs Gegenknie tupfen und sich wieder mit Fussdruck aufrichten. Einatmen.
Variante: Fortlaufend üben mit Atemrhythmus: 3:1

Sich ausatmend mit der Hüfte vorneigen. Die Hände gleiten den Oberschenkeln entlang. Kopf, Schultern, Arme hängen lassen und zwei-, oder dreimal stöhnen.
(Die Wirbelsäule wird gedehnt, der Nackenbereich entlastet. Ausatmend den Fussdruck verstärken und dadurch die Wirbelsäule von unten aufrichten lassen.

Balance im Rücken spüren: Knie nacheinander zur Brust nehmen und Beine ganz entspannt lassen. Lassen Sie Ihren Atem in Gedanken entlang der Wirbelsäule fliessen, und den ganzen Rücken mit jeder Ausatmung immer mehr zum Boden sinken.

Das eine Bein bleibt aufgestellt. Ausatmend das andere Bein anwinkeln und den Unterschenkel dreimal zur Decke werfen - wieder zurückstellen und rutschen lassen.

Aufgestelltes Bein gibt dem Kreuz Halt. "FT,FT ..." das gestreckte Bein hochfedern und gleichzeitig den Fuss immer wieder strecken und beugen. (Nur so weit hochdehnen wie das Knie gestreckt bleiben kann). Wie einen langsamen Lift mit "F ...." wieder senken.

Beine sind breit aufgestellt - Arme breit ausgelegt. Ausatmend durch Fussdruck das Kreuz sinken lassen und mit der rechten Hand auf die linke klatschen; die Hand über die Brust zurückgleiten lassen. (Der Oberkörper lässt sich mitnehmen, soweit es für die Bewegung nötig ist). Atemrhythmus: zuerst eine Armbewegung während einer Ausatmung, dann 3:1

Beide Arme bequem nach schräg oben ablegen. Ein Fuss ist nahe dem Gesäss aufgestellt. Ausatmend den Fussdruck auf dieser Seite so sehr verstärken, bis sich daraus eine Drehung des ganzen Körpers ergibt. Geniessen Sie diese ganze Bewegung !

Beim Zurückdrehen geht die Bewegung in Bauchlage von der Hand aus. (Auf Brust / Schulterhöhe abstützen). Der Kopf liegt auf dem anderen Arm.

Fersensitz. Stirn auf Boden legen und Arme und Kopf vor-
schieben (die Hüfte bleibt etwas hinter dem Kniewinkel). Es
soll dem ganzen Rücken wohl sein.
In dieser Stellung abwechselnd rechten und linken Arm lok-
ker kreisen, das Gesicht rollt auf die Gegenseite und somit
bleibt die Nase immer frei. Summen oder Brummen Sie dazu!

Dazwischen immer wieder im Fersensitz entspannen und
nachatmen. Die Hände liegen, je nach persönlicher Bequem-
lichkeit, neben dem Körper oder unter der Stirn.

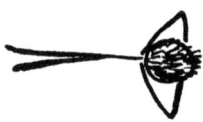

Bauchlage: Hände unter die Stirne legen.
Leisten an Boden andrücken, Beckenboden und Gesässmuskeln anspannen bis das Kreuz gestreckt ist. Beine abwechselnd ca. 1 cm vom Boden abheben.

Variante: Gleichzeitig gestreckten Arm und über die Diago-
nale das gestreckte Bein in die Länge dehnen (Leisten an
den Boden drücken und das Bein nur wenig abheben).

Arme zur Seite ablegen.
Knie locker zur Brust beugen und in dieser stellung verweilen. Entspannen und in Ruhe nachspüren. Rücken breit und
schwer werden lassen.

Linkes Bein bleibt aufgestellt (stützt das Kreuz).
Mit lautem "SCH ..." rechtes Knie 3 Mal federnd zur Schulter wippen - das Bein zuerst wieder abstellen und erst dann rutschen lassen.

Während einer Ausatmung:
Gleichzeitig Knie, Kopf und Schulter anheben und wieder gemütlich zurücklegen. (Das Knie mit der Hand antippen)

Ausatmend Fussdruck geben und abwechselnd die Arme zur Decke dehnen. Sehr bewusst und langsam üben - auch fortlaufend mit Atemrhythmus: 3 : 1

Seitenlage, beide Arme auf der gleichen Seite ausgestreckt:
Ausatmend die obere Hand über dem Kopf dem Boden entlang nach aussen und wieder in die Ausgangslage führen.
Variante: Drei Armbewegungen und dazu absinkend drei "O .. O ... O ...." singen.

Auf den Unterschenkel sitzend "SCH ..." Arme abwechselnd vordehnen (Kopf bleibt in der Verlängerung der Wirbelsäule) und Gesäss wieder auf Fersen fallen lassen und ausruhen.

Dito. Wenig anheben der unteren Wirbelsäule und des jeweilig dehnenden Armes, für die Einatmung auch einmal in dieser Dehnung verweilen, dann wieder nachgeben und stöhnend entspannen.

Für die Bauchmuskeln:
Hände im Nacken verschränkt. Ausatmend "SCH ...".
Mit Fussdruck das Kreuz sinken lassen, dann den Kopf und
die Schultern hochnehmen. Sich wieder gemütlich zurücklegen (Von der Brustwirbelsäule her). Einatmen - stöhnen !
Variante: dito: 1. Mitte (etwas nachgeben !), 2. Zur Aussenseite des einen Knies vordehnen (etwas nachgeben !),
3. dann seitlich des anderen Knies (etwas nachgeben !) und
4. nochmals zur Mitte ...

Die Beine sind locker angewinkelt. Ausatmend mit Bauch-
kraft das Gesäss etwas anheben - gleichzeitig wird der Rük-
ken an den Boden gedrückt - und wieder nachgeben.

Gleiche Ausgangslage: Ausatmend abwechselnd die Beine
zur Decke strecken und wieder locker beugen.

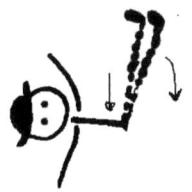

Variante: Strecken Sie beide Beine zur Decke und senken
Sie diese gestreckt gerade so weit gegen den Boden, wie es
im Kreuz hält.

Mit kräftigem "A ..." Arme und Beine zur Decke schütteln,
dann die Beine nacheinander zuerst zurückstellen und dann
auch noch nacheinander am Boden rutschen lassen. Schütteln Sie auch Ihren ganzen Rücken und geniessen Sie danach
Ihren "durchgängigen" Körper.

Treten am Ort:
Durch gute Fussarbeit das Gewicht jeweils über die Zehenballen von einem Bein auf das andere verlagern. Wenn man sich gut vom Boden abschiebt, wird das Becken aufgerichtet, die Gesässmuskulatur gestrafft und der Beckenboden entlastet. Bis zum Nackenbereich wird ein angenehmes Aufrichten der Wirbelsäule spürbar.

Stehend oder Sitzend:
Ausatmend mit dem Handrücken und grosszügigen Bewegungen den seitlichen Brustkorb massieren.
Atemrhythmus: 3 : 1

Klopfen Sie fortlaufend mit lockeren Fäusten auf Ihre Brust, den Nacken und den oberen Rücken. Bewegen Sie Ihre Arme dabei weit und ausholend.
Atemrhythmus: 5 : 1 oder 7 : 1. Sie können auch ein Lied summen oder singen, z.B. "Ein Männlein steht im Walde ..."

Variante: Gleichzeitig die Fersen wenig anheben und wieder locker fallen lassen.
Variante: Wieder liegt die Betonung auf dem Fallenlassen der Fersen, dabei die Füsse auseinander bewegen und wieder zusammen.

Fussdruckarbeit:
Gut aufgerichtete Beckenstellung beibehalten und mit den Beinen gleichzeitig grosszügige Springbewegungen machen (Der Kreislauf soll angeregt werden).
Dazu rufen: "Stampf .., stampf ... stampf ..."

Atemwände dehnen:
Die Beine sind breit aufgestellt. Die linke Hand ruht auf dem rechten Oberschenkel.
Ausatmend den rechten Arm über dem Kopf dehnen; stützen Sie sich gut mit den Füssen.
Mit verstärktem Fussdruck wird der Oberkörper wieder aufgerichtet - einatmen - stöhnen !

Beide Hände stützen hinter der aufgerichteten Hüfte.
Die Beine werden nacheinander gewinkelt und wieder zur Seite gestreckt. (Bitte keinen Druck auf die Gelenke ausüben !). Steigern Sie Ihr Tempo - aber nur so lange, wie Sie locker bleiben können.
Atemrhythmus: 4 : 1, 6 : 1, 8 : 1, 12 : 1

Das linke Bein ist aufgestellt und stützt das Kreuz. Nehmen Sie während einer Ausatmung gemütlich das rechte Knie hoch und tippen Sie es mit der rechten Hand an; gleichzeitig kommen Sie auch mit Kopf und Schultern hoch - und legen Sie sich wieder zurück. Stellen Sie auch das Bein zurück und lassen Sie es einfach rutschen. Stöhnen !

Beide Arme bequem nach schräg oben ablegen. Ein Fuss ist nahe dem Gesäss aufgestellt. Ausatmend den Fussdruck auf dieser Seite so verstärken, dass sich daraus eine Drehung des ganzen Körpers ergibt. Geniessen Sie diese Zulassen !

Beim Zurückdrehen geht die Bewegung in Bauchlage von der aufgestellten Hand aus.
(Mit der Hand auf Schulter / Brusthöhe abstützen). Der Kopf liegt auf dem gestreckten unteren Arm.

"SCH ..." Mit lockerer, weiter Bewegung Faust auf die Schulter werfen: kreuzen, gleiche Seite, wieder kreuzen und auf gleicher Seite zugleich Luft einströmen lassen.
Atemrhythmus: 3 : 1, 7 : 1

Beine sind breit aufgestellt.
Ausatmend den Ellenbogen auf der gleichen Körperseite in die Leiste, auf die Oberschenkelmitte und das Knie tupfen und dann auf der Aussenseite des Beines wieder zurückführen (Es soll ein leichter Zug über die Nierengegend entstehen).
In Ruhe einatmen - stöhnen.

"SCH ..." den Ellbogen aufs Gegenknie tupfen und sich mit Fussdruck wieder aufrichten und einatmen. Führen Sie die Bewegung sehr bewusst und weit ausholend aus.
Variante: Fortlaufend üben mit Atemrhythmus: 3:1 (also auch in der Bewegung einatmen).

Beide Fäuste in die Leisten legen und den Bauchinhalt "durchschütteln". Die Bewegung von unten nach oben ist wichtig, damit die Organe nicht nach unten gedrückt werden.
Ein lautes Sprechen: "Schütteln und rütteln ..." verhindert eine Atemblockade mit Druckerhöhung im Bauchraum.

Beide Beine sind aufgestellt: Ausatmend mit Fussdruck das Kreuz sinken lassen, Hände und Rücken an den Boden pressen. Beckenboden anspannen, lösen und stöhnen.

"SCH ..." (Bauchdecke sinkt) Fussdruck - Gesässmuskeln anspannen und Hüfte in die "kleine Brücke" hochnehmen - Beckenboden anspannen bis die Wirbelsäule von oben her ganz bewusst "zurückgerollt" ist.

Dito. jeweils auf eine Ausatmung Beckenboden optimal anspannen.

Fussdruck und Hüfte hoch - Beide Arme nach hinten ablegen - wieder neben den Körper zurücklegen - Wirbelsäule von oben her ganz bewusst zurücklegen.

Achtung: Ausdauer mit zunehmender Haltekraft steigern, d.h. je besser die Haltekraft in den Hüften wird, desto länger kann man in dieser Stellung verweilen. Den Atem immer ruhig fliessen lassen!

Ausatmend "SCH ..." wenn die Bauchdecke nachgibt: Fussdruck - Kopf, Schultern hoch und Arme zwischen die Knie vordehnen - wieder zurückliegen - einatmen und stöhnen.

Variante bei verlängerter Ausatmung: Dito. Vordehnen: Mitte (etwas nachgeben!), Arme aussen des einen Knies vordehnen (etwas nachgeben!), dann seitlich des anderen Knies (etwas nachgeben!) und nochmals Mitte.

Variante: Kopf mit beiden Händen stützen.

Arme sind schräg oben abgelegt.

Das rechte Knie in Brusthöhe links auf den Boden legen und das Bein neben dem linken Bein strecken (der rechte Fuss bleibt immer in Bodenkontakt) bis man vom Gewicht des Körpers wieder in Rückenlage gedreht wird (Man lernt etwas geschehen zu lassen).

Progressives Training zur Entspannungsfähigkeit der Muskulatur:
Einzelne Muskelgruppen während der Ausatmung kurz und kräftig anspannen - während der Einatmung ganz locker lassen und genügend Zeit zum Nachatmen zulassen!

Nacheinander bei beiden Beinen:

Zehen krallen - locker lassen.

Ferse anheben bis der Wadenmuskel spannt - locker lassen.

Knie kräftig strecken - locker lassen.

Gesässmuskulatur:
Po (evt. auch einzeln) zusammenkneifen, sodass sich das Becken etwas anhebt - locker lassen.

Bauchmuskulatur:
Bauch von der Symphyse (vom Unterbauch nach oben hinten) her anspannen - locker lassen.

Schultern und Arme:
Schulterblätter nach unten und einander entgegen bringen, gleichzeitig Arme dem Körper entlang mit gespreizten Fingern und nach aussen gedrehten Händen (Daumen aussen / Händfläche nach vorn) anspannen - locker lassen.

Beide Hände und Unterarme:
Fäuste bilden, wobei der Daumen die anderen Finger möglichst überdeckt. Gestreckte Arme mit dem Handrücken zum Körper drehen und anspannen - locker lassen.

Oberarm:
Arm anwinkeln und gleichzeitig eine Faust machen und Unter- und Oberarmmuskeln anspannen - wieder locker lassen.

Schultern - Nackenbereich:
Beide Schultern gegen die Ohren hochziehen und gleichzeitig Hinterkopf nach unten in den Nacken drücken - wieder fallen lassen.

Nach diesem Anspannen den Nacken und die Schultern dehnen (Kinn nach vorne / Schultern nach unten).

Gesicht, Kinn-, Brust und Halsbereich:
Augen, Lippen zukneifen und gleichzeitig Kinn zur Brust ziehen, Fäuste machen und Arme und Schultern nach vorne drücken (Rundrücken), gleichzeitig Halsmuskulatur fest anspannen - locker lassen.

Rückseite:
Hinterkopf und Schultergegend gegen (im Sitzen imaginäre) Unterlage drücken und Rückenmuskulatur nach unten anspannen und locker lassen.

Literatur

Atemheilkunst (7. Auflage),
Dr. med. Johannes Ludwig Schmitt
Humata Verlag Harold S. Blume

Der Körper des Menschen
Prof. Dr. Klaus-Ulrich Benner
1995 Weltbild Verlag GmbH, Augsburg

Der Körper des Menschen (6. Auflage), Adolf Faller
1974 Georg Thieme Verlag, Stuttgart

Physiologie des Menschen
Arsenio Fraile Ovejero / M. Negri
1993 Neuer Kaiser Verlag Gesellschaft m.b.H. Klagefurt

Gelenk- und Wirbelsäulenrheuma
Dr. Med. Wolfgang Miehle
1987 EULAR Verlag, Basel

Die Rückenschule Hans-Dieter Kempf
1990 Rowohlt Taschenbuch Verlag GmbH,
Reinbek / Hamburg

Die neue Leichtigkeit des Körpers
Dr. Med. Hans Flury
1995 dtv GmbH & Co. KG, München

Die Nasenatmung Dr. G. Naber
Artikel aus "Atemzeitschrift für Atempflege - Massage - Entspannung -
Moderne Gymnastik" Heft 2/66 und Heft 1/67

Integrale Atemschulung Klara Wolf (6. Auflage)
1994 Humata Verlag, Bern

Atme richtig, werde frei (2. Auflage), Milla Cavin
1953 Otto Walter Verlag, Olten

Caruso / Gesangskunst und -Methode (3. Auflage),
Salvatore Fucito und Barnet , J. Beyer,
1924 Buchenau und Reichert Verlag, München

Zur Autorin

Félicie de Roche ist ausgebildete Krankenschwester und Atempädagogin, NLP Coach und Kursleiterin für Autogenes Training und Progressive Muskelrelaxation.

Sie leitet eine Atem- und Beratungspraxis in Basel und gibt Kurse zu Themen der Gesundheitspflege und Persönlichkeitsentwicklung.

Im Sommer 2000 gründete Félicie den BASLER THERAPEUTENCLUB, eine Plattform von Therapeuten für Therapeuten und Pädagogen aus den verschiedensten Berufsrichtungen.

Kontakt

Sie möchten über unsere Kursangebote und Veranstaltungen informiert werden oder selbst einen Vortrag, Workshop, ein Seminar für Ihre Firma oder Gruppe organisieren ? Schicken Sie uns einfach ein Mail oder eine kurze Nachricht an die folgende Adresse:

Praxis für Atemtherapie
Félicie de Roche
Laufenstrasse 70
CH 4053 Basel

E-Mail: **deroche.besteck@balcab.ch**

Tel. 061 - 332 00 02
Fax: 061 - 482 06 07

Besuchen Sie auch die Homepage:
www.therapeutenclub.ch

Unabhängige Plattform

Erfahrungsaustausch
Fortbildung
Kontakt

Für pädagogisch oder behandlungsorientiert arbeitende Fachleute im Gesundheitsbereich.

BASLER THERAPEUTENCLUB

www.therapeutenclub.ch